PITTROFF | NIEMANN | REGELIN

wellness

Die besten Ideen
und Rezepte für die
Wohlfühloase zu Hause

Uschka Pittroff | Christina Niemann | Petra Regelin

wellness

Die besten Ideen
und Rezepte für die
Wohlfühloase zu Hause

Inhalt

WellBeauty

Schön von Kopf bis Fuß 73

WellHarmony

Entspannung und Balance 123

WellFeeling

Lebenslust und gute Laune 101

Zum Nachschlagen 152

Welcome to Wellness!

Dem Stress und dem Alltag entfliehen, neue Kräfte sammeln. Sich verwöhnen und die Batterien wieder aufladen. Sich Zeit nehmen, die schönen Dinge des Lebens zu genießen. Streicheleinheiten für Körper, Geist und Seele bewusst erleben.

All das ist Wellness – und noch mehr. Wer bei dem Gedanken daran sehnsuchtsvoll seufzt, ist reif dafür. Wellness ist nicht nur ein moderner Megatrend, der sich in allen Lebensbereichen widerspiegelt – die Skala reicht von Wellness-Reisen bis zum Wellness-Duschbad; Wellness ist auch eine neue (Über-)Lebensphilosophie: Manager üben sich in Meditation und lauschen Mozartklängen, um sich zu entstressen; Hausfrauen entdecken Hatha-Yoga und Heubäder, um aufzutanken; eine gesunde Ernährung, so der Anspruch, soll nicht nur den Körper, sondern auch die Seele nähren ... Nie, so scheint es, war Wellness wertvoller und wichtiger als heute.

Sehnsucht nach Balance und Harmonie

Das Zauberwort Wellness, eine Wortschöpfung aus *Wellbeing* (sich wohl fühlen) und *Fitness* (gut in Form sein), spricht unsere Sehnsucht und unser Bedürfnis nach Ausgeglichenheit und Harmonie in einer immer komplexer und chaotischer werdenden Welt an. Um diese Ausgewogenheit zu erlangen, so die Mediziner, bedarf es einer sinnvollen Kombination aus körperlichen Aktivitäten und körperlich-geistiger Entspannung. Für Wissenschaftler und Ärzte, die ja im Allgemeinen eher nüchtern und kopflastig argumentieren, sieht die Wellness-Welt so aus: Selbst einfache Bewegungsformen fördern die psychische Entspannung und verbessern den Stoffwechsel der Psyche. Oder einfacher gesagt: Man ist besser drauf, die Stimmung steigt. Alles eine Frage der (Gehirn-)Chemie.

Auf den Rest des Universums (uns »Normalos« also) übt der Wellness-Gedanke eine ganz andere Magie aus. Weil dabei das Emotionale eine große Rolle spielt. Wellness, das hat viel zu tun mit Sinnlichkeit: mit Musik, Düften, Berührung, Farben, Licht. Nichts geht über eine heimische Badeorgie mit Wohlfühlessenzen; göttlich eine Lomi-Lomi-Massage, um den Alltag hinter sich zu lassen; Sonne für die Seele – so ein Verwöhnnachmittag im Hamam! Wellness, das ist alles, was wohl tut. Was Körper, Geist und Seele bepuschelt. Für mehr Ausgeglichenheit, Zufriedenheit und Lebenslust.

Nehmen Sie's persönlich!

Da Wellness eine höchst individuelle Angelegenheit ist und sich Bedürfnisse je nach Lebensphase und -situation ändern können, haben wir uns bemüht, in diesem Buch möglichst viele konkrete Rezepte, Geheimtipps und Anleitungen für Sie maßzuschneidern. Will heißen: Sie erfahren nicht nur, was man alles tun kann, um sich besser zu fühlen, sondern Sie können zielgerichtet nachschlagen, welche Ideen, Methoden und Therapien für bestimmte Stimmungen und Wünsche effektiv sind. Ausgepowert? In den verschiedenen Kapiteln finden Sie Ernährungstipps, Bewegungsübungen und/oder geistig-spirituelle Werkzeuge, wie Sie neue Energie bekommen. Gestresst? Ein Füllhorn von Verhaltenstricks, Schmuseanwendungen für Body & Soul sowie SOS-Werkzeuge helfen, wieder in die Balance zu kommen. Einfach Lust, sich zu verwöhnen? Internationale Beauty-Geheimnisse, Kurklassiker und verführerische Verwöhntipps finden sich quer durch alle Kapitel. Experimentieren Sie! Suchen Sie sich das Beste aus!

Der schönste Wellness-Tempel: zu Hause

Es ging uns darum, die Welt der Wellness an den Ort zu bringen, der Ihnen am nächsten liegt: das Zuhause. Und das aus ganz praktischen Erwägungen: Wenn man sich etwas Gutes tun möchte, ist man schließlich nicht immer in der Lage und willens, dafür in ein esoterisches Fitnessstudio, zum Öko-Sternekoch oder zum Aura-lesenden Friseur mit Reflexzonenbehandlung zu gehen. Deshalb: *Back to the Basics!* Die meisten der Tipps haben Rezeptcharakter, sodass Sie mühelos und ohne viel Aufwand und Anstrengung Ihr Domizil in Ihre persönliche Wohlfühloase verwandeln können.
Dennoch wollen wir Ihnen die Luxusvarianten natürlich nicht vorenthalten. Manchmal darf's ja schon ein bisserl mehr sein. Darum finden Sie am Ende eines jeden Kapitels die **Extras vom Spezialisten**, in denen Sie sich von weiterführenden Infos über professionelle Wellness-Angebote und -Dienstleistungen inspirieren lassen können. Manchmal ist eine Selbstmassage ja ganz schön; aber faul sein, genießen, sich hingeben eben auch.

Die fünf Kapitel in diesem Buch

Die Welt der Wellness-Methoden ist so vielfältig wie die Images von Madonna. Es gibt zum Beispiel mentale, emotionale, spirituelle, körperliche und seelische Methoden (wobei einige, wie etwa Yoga, auch Zwittercharakter haben). Um Ihnen das Stöbern, Ausprobieren und Mitmachen so angenehm wie möglich zu gestalten, fußen die Kapitel auf den fünf wichtigsten Wellness-Säulen:

► Das Kapitel **WellFood** (Expertin: Christina Niemann) widmet sich der optimalen Ernährung, zeigt, wie Essen und Trinken Stimmungen und Lebensfreude positiv beeinflussen können, und gibt pragmatische Alltagstipps.

► In **WellFit** (Expertin: Petra Regelin) findet sich alles, was mit sanfter Fitness und Wohlfühlfaktoren zu tun hat, die aus der Bewegung erwachsen.

► **WellBeauty** (Expertin: Uschka Pittroff) betrachtet das Thema Schönheit nicht nur von der dekorativen Seite, sondern betont auch den Wert von Ausstrahlung und innerer Beauty; darüber hinaus gibt es leidenschaftlich schöne wie handfeste Tipps zu Haut und Haar.

► Alles, was gute Laune macht, die Lebenslust steigert und Energie bringt, finden Sie im Kapitel **WellFeeling** (Expertin: Uschka Pittroff).

► Und **WellHarmony** (Expertin: Uschka Pittroff) schließlich ist die Wundertüte für alle, deren Anliegen Ruhe und Entspannung, Loslassen, Entstressen und Harmonie ist.

Das Schönste: Es genügt bereits, kleine Schritte zu machen, um sich besser zu fühlen. Denn Körper, Geist und Psyche beeinflussen sich gegenseitig, sind eine Einheit. Besser-Esser können mit entsprechender Ernährung auch ihre Seele beflügeln. Wer meditiert, tut nicht nur etwas für einen klaren Geist, sondern auch für einen gesünderen Körper. Und wer sich regelmäßig bewegt, hat nicht nur den besseren Body, sondern auch eine glücklichere Psyche. Übrigens: Mozart hilft nicht nur Managern/Managerinnen. Keine andere Musik, so meinen Wissenschaftler, wirkt so beruhigend auf das Gemüt wie die des Salzburger Genies.

Lassen Sie es sich gut gehen!

Herzlichst
Uschka Pittroff
Christina Niemann
Petra Regelin

Wundertüte Wellness: Wellness, das ist alles, was gut tut, was Körper, Geist und Seele verwöhnt. Stellen Sie sich Ihr persönliches Wohlfühlprogramm zusammen!

WellFood

Essen, was gut tut

Genießen und schlemmen Sie nach Herzenslust, was auch immer Ihnen schmeckt – denn bei Wohlfühlernährung sind Verbote verboten. Essen Sie, was Körper, Geist und Seele brauchen, um sich rundum gut zu fühlen.

Wohlfühlernährung

Damit Körper, Geist und Seele in Einklang sind, braucht man keinen aufwändigen Trainings- oder Lebensplan. Die ebenso einfache wie wirksame Formel heißt: Achten Sie auf ausgewogene Mahlzeiten und sorgen Sie für regelmäßige Bewegung und Entspannung! Dabei ist es gerade bei der Ernährung entscheidend, dass man seinen eigenen Weg findet – gleich ob mit vegetarischen Gerichten, Trennkost oder Vitaminkuren. Die oberste Devise für Ihre Ernährung heißt: Genießen Sie mit allen Sinnen!

Food-Geheimnis Nr. 1

Für seinen Körper sollte einem das Beste gerade gut genug sein. Das wichtigste Food-Geheimnis: Muße! Nehmen Sie sich genügend Zeit zum Einkaufen, zum Kochen und zum Essen. Und achten Sie auf Qualität: Frische, knackige Lebensmittel sehen appetitlich aus, duften verführerisch und versprechen Genuss pur. Hochwertige Produkte versorgen den Körper mit allem, was er braucht, um reibungslos zu funktionieren, und heben die Stimmung. Vollkornmüsli, saftige Äpfel, Möhren, Erdbeeren oder frische Kräuter enthalten Substanzen wie Kohlenhydrate, Eiweiß, Vitamine und Mineralstoffe, die unerlässlich sind für die Bildung der Glückshormone Serotonin und Tryptophan.

Ernährung, eine individuelle Sache

Die einzig wahre Ernährungsweise gibt es nicht – jeder Mensch hat einen individuellen Stoffwechsel. Deshalb sollte man auf die Stimme des Körpers hören und essen, was einem gut tut. Einige Grundlagen der ausgewogenen Ernährung sind allerdings allgemein gültig. Ganz wichtig: Essen Sie grundsätzlich ballaststoffreich. Die wertvollen unverdaulichen Pflanzenteile (Ballaststoffe) sorgen für wohl dosierten Energienachschub. Das heißt, sie verzögern die Freisetzung von Zucker aus den Kohlenhydraten. Der Zucker gelangt dadurch Schritt für Schritt ins Blut und versorgt den Organismus kontinuierlich mit Energie.

Der WellFood-Schlüssel: Essen nach der Ernährungspyramide

Wer sich an die so genannte Ernährungspyramide hält, kann Diäten und lästiges Kalorienzählen für immer vergessen. Die Pyramide ist das Ergebnis der aktuellen ernährungswissenschaftlichen Untersuchungen und zeigt auf einen Blick die Rangordnung der gesunden Lebensmittel. Sie gibt damit einen Anhaltspunkt, wie unsere Ernährung idealerweise zusammengesetzt sein sollte.

► Die Basis der Pyramide bilden Brot, Reis, Pasta und Müsli – am besten aus Vollkorn. Von ihnen sollten wir am meisten essen. Sinnvoll sind etwa drei bis fünf Portionen **Vollkornprodukte** täglich, die ungefähr 40 Prozent der Nahrung ausmachen. Produkte aus Vollkorngetreide versorgen den Körper mit energiespendenden Kohlenhydraten sowie Ballaststoffen und sättigen lang anhaltend.

► Als Nächstes kommen in der Pyramide **Obst und Gemüse**. Der Wohlfühltrick: Essen Sie so oft wie möglich frisches Obst und Gemüse! Fünf Portionen täglich beziehungsweise 35 Prozent der täglichen Nahrung sollten es sein. Sie sind essentiell für eine optimale Versorgung mit wichtigen Vitaminen und Mineralstoffen sowie immunstärkenden sekundären Pflanzenstoffen (also ätherischen Ölen, Aromen oder Farbstoffen, Seite 18). Und: Bei Obst und Gemüse stecken die Vitalstoffe unter der Schale; diese deshalb möglichst mit Haut oder Schale essen.

Die Ernährungspyramide: Die Basis einer gesunden Ernährung bilden Getreideprodukte (zum Beispiel Vollkornbrot), es folgen Obst und Gemüse und nochmals eine Stufe darüber Milch, Eier und Käse. Mit Süßigkeiten und Fettigem hingegen heißt es geizen.

► Danach folgen **Milchprodukte sowie Fisch, Fleisch und Eier**. Diese Lebensmittelgruppe sollte etwa 20 Prozent der täglichen Energiezufuhr ausmachen, Milchprodukte sollten jeden Tag auf Ihrem Speiseplan stehen: Greifen Sie zu fettarmen Produkten und essen Sie zweimal täglich Milch oder Joghurt. Bei Fleisch, Fisch und Eiern reichen zwei bis drei Portionen pro Woche.

► In der Spitze der Pyramide versammeln sich **Süßigkeiten, Fette und Öle**. Fünf Prozent davon pro Tag sind genug – je seltener Sie naschen und Junkfood mümmeln, desto besser. Denn Süßigkeiten liefern keine Nährstoffe, lassen den Blutzuckerspiegel rasant ansteigen und dann schnell wieder abfallen, sodass Sie sich schon kurze Zeit nach dem Genuss schlapp fühlen. Also besser den Verzehr dieser Dickmacher und Krafträuber einschränken!

Fette und Öle sind allerdings unterschiedlich zu bewerten. Ungesättigte Fettsäuren aus Oliven- oder Sonnenblumenöl sind top, weil gesund. Butter, Sahne und Margarine haben dagegen viele gesättigte Fettsäuren, die Herz-Kreislauf-Erkrankungen verursachen können.

Ihr persönliches Wohlfühlgewicht

Beim Thema Ernährung geht es vielen nicht nur um den Aspekt der Gesundheit, sondern auch um das Körpergewicht. Wenn das auch für Sie zutrifft, bedenken Sie: Es gibt kein für alle Menschen gleichermaßen gültiges Ideal-, sondern vielmehr das persönliche Wohlfühlgewicht. Wie Körpergröße oder Augenfarbe ist auch die Statur genetisch individuell festgelegt. Der Körper versucht, sein vorgeprägtes Gewicht *(Set-Point)* stabil zu halten. Trotzdem ist niemand seiner genetischen Vorbestimmung hilflos ausgeliefert. Neben den Erbanlagen beeinflussen auch Ess- und Bewegungsgewohnheiten Gewicht und Aussehen. Die besten Figurjoker sind eine fettarme Ernährung und regelmäßige sportliche Betätigung, die den Stoffwechsel auf Trab bringt und den Energieverbrauch steigert.

Orientierungshilfe: Der Body-Mass-Index

Eine gute Orientierungshilfe, die zeigt, ob das Gewicht im grünen Bereich liegt, ist der *Body-Mass-Index* (BMI, siehe Kasten rechts).

Figur-Check-up: Apfel- oder Birnentyp?

Ob ein Fettpolster sich negativ auf die Gesundheit auswirkt, hängt nicht allein von seinem Ausmaß, sondern auch von seiner Platzierung im Körper ab. Sind Sie eher ein Birnentyp mit kräftigen Oberschenkeln und einem üppigen Po? Dann stört der Speck nur die Optik, nicht aber den Gesundheitszustand. Anders liegt der Fall beim kugelrunden Bauch des Apfeltyps. Fettzellen, die sich hier niedergelassen haben, geben verstärkt Fettsäuren ins Blut ab und können so das Risiko für Diabetes und Herz-Kreislauf-Erkrankungen erhöhen.

Wem die rein optische Beurteilung des so genannten Fettverteilungsmusters schwer fällt, kann den WHR-Quotienten (WHR = *Waist-to-Hip-Ratio*) zu Rate ziehen. Nach folgender Formel bestimmt er das Verhältnis von Taillen- zu Hüftumfang:

$$\text{WHR} = \frac{\text{Taillenumfang (Zentimeter)}}{\text{Hüftumfang (Zentimeter)}}$$

Bei Frauen sind Werte bis 0,8 in Ordnung, bei Männern ist noch ein Wert bis 1,0 im grünen Bereich. Alles was darüber liegt, deutet auf den Apfeltyp hin. In diesem Falle sollten Sie sich von Ihrem Arzt durchchecken lassen und versuchen, Ihr Gewicht langfristig zu reduzieren.

Wer sich vitalstoffreich mit viel Obst und Gemüse ernährt, kann sich darüber freuen, dass auch sein Körpergewicht BMI-gerecht ausfällt.

Das gute alte Maßband – ein einfaches Hilfsmittel zum Errechnen des Waist-to-Hip-Quotienten.

SO BERECHNEN SIE DEN BMI

► **BMI** = Körpergewicht (in Kilogramm) dividiert durch Körpergröße (in Meter) mal Körpergröße (in Meter)

► **Beispiel:** Bei einer Größe von 1,70 Meter und 65 Kilogramm Gewicht ergibt sich ein BMI von 22,5.

$$\text{BMI} = \frac{\text{65 Kilogramm}}{\text{1,70 Meter x 1,70 Meter}} = 22{,}5$$

► **Auswertung:** Der BMI sollte idealerweise zwischen 19 und 25 liegen. Wer auf einen Wert von unter 19 kommt, ist vermutlich zu dünn und sollte etwas zunehmen. Ein leicht erhöhter BMI – über 25 – ist kein Grund zur Panik, solange man sich wohl fühlt. Erst bei einem Index ab 30 sind gesundheitliche Beschwerden vorprogrammiert und eine Gewichtsabnahme ist dringend zu empfehlen.

Energie kann man essen!

Energie gewinnt der Körper aus der täglichen Nahrung. Entscheidend sind die richtige Menge, gute Qualität und ein ausgewogener Mix. Denn: Neben Kalorien benötigt der Organismus Nährstoffe, um optimal zu funktionieren. Die unentbehrlichen vier sind: Kohlenhydrate, Fett, Eiweiß und Ballaststoffe.

Kohlenhydrate gegen den Heißhunger

Kohlenhydrate sind die Haupt-Powerquelle für den Stoffwechsel. Sie liefern Brennstoff für Gehirn, Nerven und Muskeln, sorgen für gute Laune und Energie. Der Körper braucht regelmäßig Kohlenhydratenachschub, sonst droht ihm Unterzuckerung. In so einem Fall verlangt der Organismus dann schnell nach Schokolade, Keksen oder Kuchen – der berühmte Heißhunger auf Süßes. Der Zucker in den Süßigkeiten lässt den Blutzuckerspiegel zwar rasch ansteigen, doch genauso flott sinkt er auch wieder ab; man ist wieder hungrig. Wirkungsvoller sind da Kohlenhydrate in Vollkornprodukten, Obst oder Gemüse, zum Beispiel in Äpfeln, Möhren, Vollkornbrot, Müsli oder Naturreis. Diese werden vom Körper langsamer aufgenommen. Der Blutzuckerspiegel und damit auch die Gefühlswelt und die gute Laune bleiben konstant.

Fit mit Fett und Eiweiß

Für eine ausgewogene Ernährung unentbehrlich sind pflanzliche Öle wie Oliven-, Distel- oder Rapsöl. Sie liefern ungesättigte Fettsäuren, die die Blutfettwerte verbessern und dadurch Herz-Kreislauf-Erkrankungen vorbeugen. Auch die mehrfach ungesättigten Omega-3-Fettsäuren aus fettreichen Seefischen wie Lachs, Hering und Makrele schützen das Herz wirkungsvoll.
Eiweiß (Aminosäuren) ist Baustoff für Zellen und Gewebe. Etwa 50 Gramm davon benötigt ein Erwachsener täglich. Ideale Eiweißlieferanten sind fettarme Milchprodukte wie Kefir und Joghurt, mageres Fleisch, Hülsenfrüchte und Nüsse. Am besten ist eine Mischung aus pflanzlichem und tierischem Eiweiß, weil der Körper diesen Mix optimal verwerten kann. Essen Sie also zum Beispiel Joghurt mit Nüssen; damit erhalten Sie sowohl tierisches (Joghurt) als auch pflanzliches Eiweiß (Nüsse).

Ballaststoffe – die gesunden Sattmacher

Zu Unrecht wurden die unverdaulichen Bestandteile der Nahrung lange Zeit als überflüssige Ballaststoffe bezeichnet, etwa Zellulose oder Pektine (das sind die Schalen, Gerüst- und Stützsubstanzen von Obst, Gemüse, Getreide). Sie sind jedoch ungemein wichtig für Gesundheit und Wohlbefinden. Ihre positive Wirkung beginnt bereits im Mund: Sie regen zu kräftigem Kauen an und stärken dadurch Zähne und Zahnfleisch. Die Ballaststoffe quellen im Magen auf und machen somit länger satt. Im Darm regeln sie die Verdauung. Darüber hinaus binden sie schädliche Substanzen wie Giftstoffe und überschüssiges Cholesterin, die dank ihrer Hilfe schnell aus dem Körper befördert werden können.
Um eine optimale Wirkung zu erzielen, sollten Sie pro Tag mindestens 30 Gramm Ballaststoffe aus Vollkornprodukten, Obst, Gemüse oder Hülsenfrüchten zu sich nehmen. Das entspricht etwa vier Scheiben Vollkornbrot und zwei Äpfeln oder zwei Orangen, Birnen oder Möhren.

Vollkornprodukte versorgen den Körper mit energiespendenden Kohlenhydraten und Ballaststoffen. So sättigt Vollkornbrot viel länger als Weißbrot.

FÜNF MAHLZEITEN AM TAG

- Wenn die Abstände zwischen den Mahlzeiten zu lang werden, sind die Kohlenhydratspeicher leer – der Energiepegel sinkt. Deshalb sind für eine gleichmäßige Energieversorgung fünf kleinere Mahlzeiten günstiger als drei große.
- Regelmäßig über den Tag verteiltes Essen unterstützt den Verlauf der persönlichen Leistungskurve. Diese hat zwei Hochphasen: eine am Vor- und eine am Nachmittag (Seite 120). Die Tiefpunkte sind jeweils mittags und spätabends.
- Morgens und am Vormittag sind kohlenhydratreiche Mahlzeiten wie Müsli oder Banane mit Joghurt sinnvoll. Ab mittags, nachmittags und abends ist eine Mischung aus Kohlenhydraten und Eiweiß optimal (mittags beispielsweise Pasta mit Fisch oder Fleisch, abends Reissalat mit Gemüse).

Pflanzenpower für Vitalität und Wohlbefinden

Machen Sie es wie die Italiener, Spanier und Franzosen: Essen Sie viel Obst und Gemüse, die vor wertvollen Inhaltsstoffen, Vitaminen und Mineralstoffen sowie sekundären Pflanzensubstanzen nur so strotzen. Als Antioxidanzien schützen sie die Körperzellen und stärken die Abwehrkräfte. Gemüse enthält übrigens ein noch größeres Spektrum dieser Bodyguards als Obst. Optimal ist eine Mischung aus roher und gegarter Kost.

Vitamine und Mineralstoffe

Es gibt einige Substanzen, die so gezielt auf den Organismus einwirken können, dass er länger fit, gesund und schön bleibt. Diese so genannten Antioxidanzien schützen den Körper vor den Angriffen der freien Radikale, also aggressiver Verbindungen, die – freigesetzt durch schädliche (Umwelt-)Einflüsse wie UV-Strahlen, Stress, Nikotin oder Alkohol – an den Zellen irreparable Schäden anrichten können. Mit Hilfe der Körperpolizei der Antioxidanzien bleiben Haut, Nerven und Organe länger leistungsfähig. Die Top-Helfer sind Vitamin C, Vitamin E, Vitamin A und Betakarotin sowie das Spurenelement Selen.

- **Vitamin C** stimuliert die körpereigene Abwehr, schützt die Blutgefäße, strafft das Bindegewebe und aktiviert die Fettverbrennung. 150 bis 1000 Milligramm Vitamin C täglich sind sinnvoll – das entspricht zwei Orangen, sechs Kiwi oder 300 Gramm Johannisbeeren. Das Obst kann auch als frisch gepresster oder naturbelassener Saft genossen werden. Unter den Gemüsen gelten rote Paprika, Brokkoli und Fenchel als gute Vitamin-C-Quellen.
- **Betakarotin** wird im Körper zu **Vitamin A** umgewandelt. Es schützt die Haut vor dem Altern. Der Bedarf (25 bis 50 Milligramm täglich) wird am besten durch viel rotes, gelbes oder grünes Obst und Gemüse gedeckt, zum Beispiel drei große Möhren oder eine Honigmelone.
- **Vitamin E** bremst erwiesenermaßen den Alterungsprozess – für Schönheit, Fitness und Wohlbefinden gibt es nichts Besseres. 12 Milligramm Vitamin E benötigt der Körper pro Tag. Diese Menge bekommen Sie durch einen Esslöffel Weizenkeimöl oder eine Hand voll Haselnüsse oder Mandeln oder zwei Esslöffel Leinsamen.
- Das **Spurenelement Selen** ist ein Schutzstoff mit vielfältiger Wirkung; so bremst es ebenfalls den Alterungsprozess. Der Selenbedarf ist nicht genau bestimmt; Schätzungen gehen von 20 bis 300 Mikrogramm pro Tag aus. Zwei bis drei Scheiben Roggenbrot oder ein Ei decken den Bedarf. Selen ist auch in Süßwasser- und Meeresfischen, in Kokos- und Paranüssen enthalten.

Sekundäre Pflanzenstoffe

Sekundäre Pflanzenstoffe sind Substanzen, die die Pflanzen vor schädlichen Umwelteinflüssen schützen. Vergleichbare Aufgaben übernehmen sie auch im menschlichen Körper: Diese wertvollen Bodyguards aus Obst und Gemüse wehren zum Beispiel Bakterien ab, sie regen das Immunsystem an und verringern das Risiko von Herz-Kreislauf-Erkrankungen. Studien haben zudem gezeigt, dass Menschen, die viel Obst und Gemüse essen, seltener an Krebs erkranken. Darüber hinaus bilden die sekun-

Essbare Bodyguards: Walnüsse enthalten den sekundären Pflanzenstoff Phytosterin, der den Cholesterinspiegel senkt.

Honigmelonen bieten reichlich Betakarotin, der Top-Anti-Aging-Nährstoff.

dären Pflanzenstoffe im Stoffwechsel Hormone oder hormonähnliche Substanzen, die den Blutdruck regulieren und den Cholesterinspiegel senken.

Mit ihren vielfältigen positiven Wirkungen sind die Pflanzenstoffe alles andere als »sekundär«; so heißen sie lediglich, weil sie nicht – wie etwa die Vitamine – primär lebensnotwendig sind. Sie können den Organismus aber vor vielen Schäden bewahren und dazu beitragen, dass wir leichter und länger gesund, jung und fit bleiben.

Hier die wichtigsten sekundären Pflanzenstoffe und ihre Wirkung im menschlichen Organismus:

► Der Farbstoff **Betakarotin** aus der Klasse der Karotinoide zaubert rote und gelbe Farben in Blüten und Fruchtfleisch. Beim Menschen schützt er das Herz. Da Betakarotin sehr hitzeempfindlich ist, sollten die Top-Lieferanten wie zum Beispiel Möhren und Aprikosen am besten gleich roh oder nur gedünstet gegessen werden.

► **Glukosinolate** sind die Scharfmacher in Kresse, Meerrettich, Senf und Kohlgemüse. Auf ihrer Reise durch den Körper wirken sie entzündungshemmend.

► Sojabohnen, Roggen, Hafer und Weizen enthalten **Phytoöstrogene**; dies sind hormonähnliche Substanzen, die Brustkrebs vorbeugen und für eine schöne, straffe Haut sorgen.

► Sesam, Pistazien, Walnüsse und Sojabohnen liefern reichlich **Phytosterine**. Ihre cholesterinsenkenden Eigenschaften zeichnen sie besonders aus.

► Eine echte Randgruppe sind die **Polyphenole**. Sie konzentrieren sich in der Schale von Obst und Gemüse sowie in den äußeren Schichten von Getreidekörnern. Im menschlichen Organismus wehren sie schädliche Bakterien und Viren ab. Eine Untergruppe der Polyphenole sind die **Flavonoide**: Sie verleihen Kirschen ihre tiefrote Farbe und hemmen beim Menschen die Entstehung von Krebs. Eine weitere Untergruppe, die antioxidativ wirksamen **Gerbsäuren**, stecken reichlich in Wein sowie in grünem und schwarzem Tee.

► Für das charakteristische Aroma von Zwiebeln, Lauch und Knoblauch sind **Sulfide** verantwortlich. Sie hemmen das Wachstum unerwünschter Bakterien.

Schnell gemixt: Köstliche Vitalstoff-Drinks

Mit einem frisch gepressten Saft aus aromatischen Früchten und knackigem Gemüse können Sie täglich Vitalstoffe pur zu sich nehmen; eine einfachere Methode, sich optimal mit wichtigen Gesundheitsstoffen zu versorgen, gibt es nicht. Die darin enthaltenen Vitamine, Mineralstoffe und vor allem die vielen sekundären Pflanzenstoffe halten Sie länger gesund und fit. Das Gehirn arbeitet besser, die Haut wird strahlend und samtweich und die Figur profitiert ebenfalls von der kalorienarmen Köstlichkeit.

ANTI-AGING-DRINK
PFIRSICH-HIMBEER-MIX

► **Nutzen:**

Der Drink bietet jede Menge Pflanzenpower für ein starkes Immunsystem. Vitamin C in Pfirsich, Himbeeren und Ananas entschlackt und sorgt für straffes Bindegewebe.

► **Zutaten pro Glas:**

1 Pfirsich
100 g Himbeeren (TK)
150 g fettarmer Joghurt
100 ml Buttermilch
50 ml Ananassaft

► **So wird's gemacht:**

Pfirsich waschen, halbieren und den Stein entfernen. Mit den Himbeeren pürieren und mit Joghurt und Buttermilch vermischen. Ananassaft zufügen, gut umrühren und sofort genießen.

BEAUTY-DRINK
PAPRIKA-FENCHEL-MIX

► **Nutzen:**

Vitamin C entschlackt und sorgt für ein straffes Bindegewebe. Jod aus Algen kurbelt den Fettstoffwechsel an.

► **Zutaten pro Glas:**

1 kleine rote Paprika
1 kleine Fenchelknolle
1 Apfel
50 ml Apfelsaft
1 EL Spirulina Algen (aus dem Reformhaus)

► **So wird's gemacht:**

Paprika, Fenchel und Apfel waschen (nicht schälen) und klein schneiden. Alles pürieren. Mit Spirulina verrühren. Apfelsaft zufügen und gut mischen. In ein Glas füllen und gut gekühlt genießen.

ANTI-STRESS-DRINK
COOL MELON MIT INGWER

Nutzen:
Glücksvitamine B6 und C aus Honigmelone und Grapefruit helfen beim Aufbau des Glückshormons Serotonin; Stressbuster Magnesium beruhigt die Nerven.

Zutaten pro Glas:
1/4 Honigmelone
1 TL Limettensaft
1 kleines Stück frischer Ingwer
1–2 TL Ahornsirup
100–150 ml Grapefruitsaft
1 Stängel Zitronenmelisse

So wird's gemacht:
Melonenviertel entkernen. Fruchtfleisch aus der Schale herauslösen und pürieren. Limettensaft unterrühren. Den Ingwer schälen und fein hacken. Zusammen mit dem Ahornsirup unter das Melonenfruchtfleisch rühren. Mit gut gekühltem Grapefruitsaft mischen. Melonen-Drink in ein hohes Glas füllen und mit Zitronenmelisse dekorieren.

MUNTER-MACHER-DRINK
SPICE-LASSI MIT BASILIKUM

Nutzen:
Ätherische Öle und Capsaicin, also Scharfmacher und sekundärer Pflanzenstoff aus der Chilischote, heizen ein und bringen gute Laune. Tryptophan aus fettarmem Joghurt macht munter.

Zutaten pro Glas:
1/2 Bund Basilikum
1/2 kleine Chilischote
1–2 Koriandersamen
1 Becher (150 g) fettarmer Joghurt
50 ml fettarmer Kefir
1 EL Zitronensaft
Salz und schwarzer Pfeffer aus der Mühle
50–100 ml Mineralwasser

So wird's gemacht:
Basilikum waschen, trocken schütteln, klein schneiden. Chili fein hacken. Koriandersamen fein zermahlen. Alles mit Joghurt, Kefir, Basilikum und Zitronensaft pürieren. Mit Salz und Pfeffer würzen. Lassi in ein Glas gießen. Mit Mineralwasser auffüllen. Sofort genießen.

Die mehrfach ungesättigten Fettsäuren in Olivenöl schützen die Zellen vor Umweltgiften.

Tipp für alle, die von Süßhungerattacken geplagt werden: Rooibos-Tee statt Schokolade! Der ist fast ebenso süß und hat keine Kalorien.

Low Fat – die wichtigsten Schlank-und-Fit-Regeln

Fett sorgt nicht nur für den Geschmack im Essen, sondern es liefert auch geballte Energie. Jedes Gramm Fett enthält doppelt so viele Kalorien wie Kohlenhydrate oder Eiweiß. Und jedes Gramm, das unser Körper nicht sofort zur Energiegewinnung benötigt, wird gnadenlos gespeichert. Wer Kalorien sparen will, sollte also mit Fettreizen geizen. Aber: Fett ist nicht gleich Fett, und so ist nicht nur die Menge, sondern auch die Art des Fettes entscheidend. Hochwertige Pflanzenöle mit einfach und mehrfach ungesättigten Fettsäuren werden vom Körper gebraucht; sie steigern das Wohlbefinden und fördern die Gesundheit.

Entscheidend: das richtige Fett

Bei der Ernährung ganz auf Fett zu verzichten funktioniert natürlich nicht. Und das ist auch gut so. Denn einige Bestandteile des Fettes und die nur in Fett löslichen Vitamine (A, D, E und K) sind für den Menschen lebensnotwendig. Der Organismus kann sie aber nicht selbst herstellen. Top-Lieferanten dieser wichtigen Substanzen sind kaltgepresste pflanzliche Öle wie Distel-, Oliven- oder Weizenkeimöl. Deren mehrfach ungesättigte Fettsäuren sind wichtig für die Nerven, sie halten die Zellwände und Arterien elastisch und schützen vor Umweltgiften. Auf tierische Fette wie Butter oder Sahne sollte man dagegen weitgehend verzichten, denn sie enthalten vor allem gesättigte Fettsäuren. Diese erhöhen den Blutfettspiegel und können damit die Entstehung von Herz-Kreislauf-Krankheiten begünstigen.

Favorit Olivenöl

Hochwertige Sorten von Olivenöl erkennen Sie an der Farbe, einem klaren Grün sowie an der Bezeichnung »natives Olivenöl extra«. Und am Preis. Denn gutes Olivenöl ist leider teuer.

Neben dem Klassiker aus Oliven findet man noch eine Menge anderer guter Ölsorten in den Regalen der Lebensmittelgeschäfte:

- Distelöl hat ein mildes Aroma und harmoniert perfekt mit allen Blattsalaten.
- Erdnussöl schmeckt kräftig, nussig. Es passt zu feinen Salaten, Geflügel und Asiagerichten.
- Leinöl ist herb und intensiv. Toll zu kräftigen Salaten.
- Wunderschön dunkelgrün ist Kürbiskernöl. Sein Aroma ist nussig – wunderbar zum Verfeinern von Nudeln und für alle Salate geeignet.
- Das robuste Sojaöl mit seinem intensiven Geschmack eignet sich zum Braten sowie für kräftige Blattsalate.
- Sonnenblumenöl schmeckt mild-neutral. Passt zu feinen Salaten, zum Braten und Backen.
- Sesamöl ist intensiv nussig im Geschmack und für exotische Gerichte und Süßspeisen genau richtig.
- Traubenkernöl ist besonders aromatisch.
- Walnussöl, fein im Aroma, passt zu Salaten.

Weniger Fett, genauso viel Genuss – Tipps zum Fettsparen

- Nehmen Sie statt fertig zubereitetem **Joghurt** lieber fettarme Milchprodukte wie Buttermilch, Magerquark oder Joghurt und vermischen diese mit frischen Früchten.
- Wer **Käse** mag, sollte sich an die mageren Sorten halten: Romadur, Edamer, Camembert oder Gouda (maximal 30 Prozent Fett) sowie Schicht- oder Frischkäse (acht bis zehn Prozent) sind empfehlenswert. Herzhaft und supermager ist Harzer Käse mit einem Prozent Fett.
- Beim **Fleisch** ist das Fett leicht ausfindig zu machen. Fettränder beim Schnitzel oder am Kotelett am besten sofort entfernen. Die Haut von Ente oder Gans schmeckt zwar köstlich, ist aber ebenfalls sehr fettreich; lassen Sie sie also lieber links liegen. Der magerste Teil ist grundsätzlich das Filet, bei Geflügel sind es die Bruststücke. Fettarmes Fleisch bieten auch Kaninchen und Wild.
- **Aufschnitt** ist eine klassische Fettfalle. Beliebte Wurstsorten strotzen vor versteckten Fetten: Je feiner die Sorte, desto fettiger. Deshalb Achtung bei Salami, Jagdwurst, Leberkäse oder Teewurst! Schinken, Sülzen oder Geflügelaufschnitt sind dagegen fettarm.
- Eintopf aus der Dose, Tiefkühlpizza, Vanillepudding aus dem Kühlregal oder der würzige Cheeseburger – sie alle enthalten reichlich verstecktes Fett. Deshalb bei **Fertigprodukten** die Zutatenlisten und Fettangaben genau anschauen oder lieber gleich darauf verzichten.
- **Fettarmes für Naschkatzen:** Schokolade, Eis, Kekse oder Chips lassen kaum jemanden kalt. Wenn der Süßhunger kommt, erst mal cool bleiben. Und fettarme Varianten naschen: Weingummi, Lakritz, Popcorn, Russisch Brot, Löffelbiskuits oder Salzstangen enthalten kein oder nur wenig Fett. Beim Eis sind Sorten wie Schoko, Nuss oder Karamell die Dickmacher, besser sind da schon Wassereis und Sorbets. Spezialtipp: Gegen Süßhunger hilft oft auch eine Tasse kalorienfreier Rooibos-Tee. Er schmeckt von Natur aus süßlich.

TIPP

SCHLANKE KOCHTRICKS

Bevorzugen Sie fettsparende Zubereitungsmethoden wie Dünsten, Grillen oder Garen im Tontopf, in Alufolie oder Pergamentpapier. Wenn Sie etwas braten möchten, dann nehmen Sie dazu grundsätzlich eine beschichtete Pfanne mit wenig Fett. Für die fettarme und vitaminschonende Zubereitung eignet sich auch der Wok hervorragend.

Fettarm essen in Restaurant und Kantine

Ob Geschäftsessen, Restaurantbesuch mit Freunden oder das tägliche Mittagessen in der Kantine – alle diese Gelegenheiten bieten zahlreiche Möglichkeiten, in die klassischen Fettfallen zu tappen. Doch wer ein paar Tricks kennt, braucht auf Genuss beim Auswärtsessen nicht zu verzichten und bleibt auch außerhalb der eigenen Küche garantiert immer gut in Form. Hier die wichtigsten Tipps, mit denen Sie selbst bei mehrgängigen Menüs allzu fettige Speisen geschickt umgehen.

1

2

3

4

1. VORSPEISE GEFÄLLIG?

► Tolle Starter, köstlich und kalorienarm, sind kleine Salate, leichte Sülzen, gegrillte Meeresfrüchte oder klare Gemüsesuppen. Wenn Brot und Butter dazu gereicht werden, sollten Sie dieses Pärchen nicht beachten.

► Schon jetzt reichlich Mineralwasser trinken; das füllt den Magen ganz ohne Kalorien.

► Vorsicht ist bei Antipasti geboten!

2. HAUPTGANG: LEICHTER GENIESSEN

► Bei den Hauptgerichten sind mageres Fleisch, Geflügel oder Fisch die erste Wahl. Ideal ist es darüber hinaus, wenn die Gerichte gegrillt angeboten werden. Hier können Sie zugreifen!

► Dazu passt immer ein frischer Salat oder leicht gedünstetes Gemüse. Als Beilagen sind Kartoffeln und Reis okay.

3. DER SOSSENTRICK

► Lassen Sie sich die Soße im Restaurant einfach extra servieren. Dann bestimmen Sie nämlich selbst, wie viel davon auf Ihrem Teller landet. In der Kantine im Zweifelsfall besser auf die Soße verzichten.

► Und: Hände weg von klassischen Kalorienfallen wie Sauce Hollandaise, Mayonnaise oder Aioli.

4. KRÖNENDER ABSCHLUSS

► Karamellflan, Tiramisu, Baklava oder Schokoladeneis – eins haben alle gemeinsam: reichlich Fett. Wer ohne süßen Abschluss nicht leben kann, sollte lieber zu frischem Obst greifen.

► Besser noch: Gleich den Espresso, Cappuccino oder Kaffee bestellen; er überspielt eventuellen Süßhunger und bildet den perfekten Abschluss eines gelungenen Essens.

Trinken, trinken, trinken

Über den Durst trinken erlaubt: Wasser ist die Quelle allen Lebens und ursprünglichster Durstlöscher. Es reguliert die Körpertemperatur, transportiert Nähr- und Vitalstoffe und schwemmt Schadstoffe aus. Wenn der Körper zu wenig Wasser bekommt, schlägt der Organismus sofort Alarm, reagiert mit Kopfschmerzen und Mattigkeit. Wasser hält durch seine wertvollen Vitalstoffe den Mineralstoffhaushalt des Körpers im Gleichgewicht und ist ganz nebenbei noch ein preiswertes Schönheitsmittel für pralle und schimmernde Haut. Kluge Frauen greifen regelmäßig zum Glas beziehungsweise zur Flasche und löschen ihren Durst mit Mineralwasser. Ebenfalls erlaubt: Kräuter- und Früchtetees oder leichte Fruchtschorlen. Zwei bis drei Liter Flüssigkeit sollten es über den Tag verteilt sein!

Kleine Wasserkunde

Auf jeder Mineralwasserflasche gibt ein Etikett Aufschluss über die Art des Wassers, über den Gehalt an Mineralstoffen. Und darauf kommt es an, auf seinen Gehalt an Mineralien und seine Reinheit.

► **Heilwasser** ist bekannt für seine lindernde und vorbeugende Wirkung bei bestimmten Beschwerden. Diese sind wissenschaftlich nachgewiesen und auf dem Etikett angegeben. Es hat einen besonders hohen Anteil an Mineralien und Spurenelementen.

► **Quellwasser** darf keine schädlichen Stoffe enthalten. Es braucht jedoch weder eine amtliche Anerkennung noch muss es gesundheitliche Vorzüge haben.

► **Tafelwasser** ist eine Mischung aus Mineral-, Trink- oder Meerwasser, denen Kohlensäure, Salz und andere Stoffe beigemischt werden dürfen. Gesundheitsfördernde Wirkungen müssen nicht nachgewiesen sein.

► **Leitungswasser** hat in vielen Regionen Deutschlands eine gute Qualität. Nur in Ausnahmefällen werden Pestizidrückstände oder hohe Nitratgehalte festgestellt. Die aktuelle Trinkwasserqualität erfahren Sie bei der Verbraucherzentrale oder den örtlichen Wasserwerken.

► Derzeit im Trend liegt **sauerstoffhaltiges Wasser**. Studien zeigen, dass Wasser, angereichert mit etwa 70 Milligramm Sauerstoff, leistungssteigernd wirkt und das Immunsystem positiv beeinflusst.

Tee – Genuss und Wohlbefinden aus der Tasse

Teatime – und Sie haben die Qual der Wahl unter vielen Teesorten: Soll es ein belebender oder ein beruhigender Tee sein, soll er den Stoffwechsel anregen oder für einen rosigen Teint sorgen? Alles möglich mit dem richtigen Tee! Tees enthalten neben der Flüssigkeit zahlreiche Inhaltsstoffe, die in puncto Wellness wertvoll sind.

► **Grüner Tee** ist ein sanfter Muntermacher. Sein Koffein verteilt sich langsamer und gleichmäßiger im Körper als bei Kaffee und wirkt als sanftes Aufputschmittel auf Stoffwechsel und Gehirnzellen. Vitalstoffe wie Vitamin C und Betakarotin bekämpfen freie Radikale; Magnesium, Fluor und Gerbstoffe stärken das Immunsystem, straffen Haut und Bindegewebe und entgiften den Organismus.

► **Rotbuschtee** (Rooibos) ist mild, wirkt beruhigend und ist damit das ideale Abendgetränk. Als echtes Beauty-Elixier sorgt er durch Kupfer und Vitamin C für glänzende Haare und feste Fingernägel.

► **Lapachotee** aktiviert den Stoffwechsel und die körpereigenen Abwehrkräfte. Chinone, sekundäre Pflanzenstoffe, schützen vor Krankheiten wie Diabetes.

GEDÄCHTNISSTÜTZE FÜR WENIGTRINKER

Überlisten Sie sich selbst, wenn Sie merken, dass Sie nicht genug trinken. Einfach einen Merkzettel an Kühlschrank oder Computer kleben oder die Trinkmenge für den Tag morgens bereitstellen. Vergessliche verknüpfen das Trinken mit etwas Alltäglichem, indem sie zum Beispiel ein Glas Wasser oder Tee nach jedem Telefonat oder vor den Mahlzeiten trinken.

Ob Leitungs-, Quell-, Mineral- oder sauerstoffhaltiges Wasser – trinken Sie so viel wie möglich.

Teetrinken als Wellness-Quelle: Jeder Tee hat eine besondere Kraft. So macht mancher Tee munter, ein anderer entspannt und wieder ein anderer schenkt einen glatten Teint.

Wenig bekannt:
Linalol im Koriander muntert auf bei trüben Gedanken.

Joghurt löffeln für die Stimmung!
In Joghurt ist der Gute-Laune-Macher Tryptophan enthalten. Der Körper benötigt ihn zur Bildung des Glückshormons Serotonin.

SCHNELLE HAPPY-SNACKS

- Unkomplizierte Glücksspender und figurfreundliche Alternative zu Cookies oder Schokolade sind Bananen. Sie liefern das Glückshormon Serotonin frei Haus, denn es muss vom Körper nicht langwierig umgewandelt werden.
- Ein großes Glas Milch schlägt gleich zwei Fliegen mit einer Klappe. Das Kalzium in der Milch beruhigt die Nerven und Tryptophan sorgt für gute Stimmung.
- Walnüsse fördern die Konzentration und machen glücklich durch viel Vitamin E.

Soul Food – Essen, das Laune macht

Ein gutes Essen füllt nicht nur den Bauch, sondern es nährt gleichzeitig die Seele! Ernährungsexperten gehen davon aus, dass der Körper genau weiß, was für die Stimmung gut ist. Daher kommt die spontane, nicht erklärbare Lust auf bestimmte Lebensmittel. In den USA ist der Zusammenhang zwischen *food* und *mood*, zwischen Essen und Stimmung, eine anerkannte Wissenschaft.

Stimmungskanone Kohlenhydrate

Hauptverantwortlich für gute Laune ist in unserem Körper Serotonin, ein Neurotransmitter (Botenstoff), dem eine Schlüsselstellung im Verhältnis von Seele und Ernährung zukommt. Um diesen Happy-Macher herzustellen, der Entspannung und Wohlbefinden biochemisch auslösen kann, braucht der Organismus Kohlenhydrate. Für das schnelle, aber nur kurz anhaltende Glücksgefühl sind Süßigkeiten okay; länger anhaltend fröhlich machen aber Kartoffelbrei oder ein großer Teller Pasta.

Joghurt heitert auf

Tryptophan ist ein Eiweißbaustein und Gute-Laune-Macher, den der Körper zur Bildung des Serotonins benötigt. Reichlich enthalten ist er zum Beispiel in Fisch, Lamm, Huhn, Milch, Joghurt, Kefir und Quark, aber auch in Bananen oder Dinkel. Tryptophan allein ist jedoch machtlos. Erst in Kombination mit Kohlenhydraten gelangt es ins Gehirn und kann von dort aus Ruhe und Ausgeglichenheit verbreiten.

► Die ideale Mischung: Fettarmen Joghurt mit etwa 50 Gramm Himbeeren und zwei Esslöffeln Haferflocken verrühren und genießen!

Heiße Scharfmacher, coole Kräuter

Gegen trübe Gedanken sind Kräuter gewachsen! Sie aromatisieren außerdem Gerichte und Snacks mit ihren duftenden ätherischen Ölen. Apiol in Petersilie oder Linalol in Koriander schützen erwiesenermaßen vor Depressionen. Ingwer macht durch Gingerol herrlich relaxt und ausgelassen. In der Muskatnuss steckt Myristicin, ein Stoff, der euphorisierend wirkt. Capsaicin von Paprika und Chilis hebt die Stimmung. Kakaobohnen enthalten winzige Mengen Anandamid, eine Substanz, die mit dem Marihuanawirkstoff verwandt ist; sie wirkt ausgleichend. Täglich ein Esslöffel der genannten Kräuter und Gewürze reicht, um langfristig eine Wirkung zu erzielen.

Vitamincocktails machen hell an dunklen Tagen

Wenn die Stimmung in den Keller rutscht, kann ein Vitamincocktail Wunder wirken. Vor allem B-Vitamine sind an der Produktion von Botenstoffen wie dem Glückshormon Serotonin beteiligt. Knabbern Sie deshalb zwischendurch Nüsse oder trinken Sie eine Buttermilch! Doch auch Vitamin C ist nötig zur Bildung von Serotonin. Reichlich davon bekommen Sie, wenn Sie frisch gepresste Säfte trinken und frische Früchte essen.

Die Mineralstoffe Kalzium, Eisen und Zink sorgen für Nerven wie Drahtseile. Kalzium findet sich in Milchprodukten und in Gemüse (zum Beispiel in Brokkoli), Magnesium in Papaya, Haferflocken und Kiwis, Eisen in Sonnenblumenkernen. Zink ist satt enthalten in Garnelen, Kürbiskernen und Sesam. Essen Sie so oft wie möglich davon, am besten täglich eine Portion (etwa 150 Gramm).

Entschlacken – abnehmen und sich herrlich frei fühlen

Fühlen Sie sich manchmal müde, abgespannt, voll und schwerfällig? Dann ist es höchste Zeit für eine Verschnaufpause! Ein Entschlackungstag wird Ihnen dabei helfen, Ballast abzuwerfen – körperlich und seelisch. Ob Molketag, Reisprogramm, Saftfasten oder Rohkostkur – nach einem oder mehreren Entschlackungstagen ist der Körper sensibilisiert und spürt wieder genau, was ihm gut tut. Sie haben wieder Lust und Appetit auf gesunde Sachen und merken rechtzeitig, wann Sie satt sind. Schöner Nebeneffekt: Sie verlieren ein paar Pfunde!

TIPP

REGELMÄSSIG BALLAST ABWERFEN

Schlacken entstehen durch falsche oder einseitige Ernährung; zu viel Fastfood, Süßigkeiten, Alkohol oder Zigaretten; aber auch Stress und Hektik können der Grund dafür sein, dass sich Schlacken im Bindegewebe bilden. Regelmäßige Entlastungs- oder Fastentage, an denen Sie viel Flüssigkeit, Obst, Gemüse, Molke oder Reis zu sich nehmen, helfen, Ernährungssünden wieder auszugleichen.

Wenn der Organismus überfordert ist

Der Körper ist laufend damit beschäftigt, Schadstoffe abzubauen. Bei einer ausgewogenen Ernährung und Lebensweise stellt dies normalerweise kein Problem dar. Erst wenn der Organismus mit der Entsorgung überfordert ist, lagern sich Abbauprodukte ab und werden zu Schlacken. Bleibt eine innere Reinigung dann über einen längeren Zeitraum aus, wird der Transport lebenswichtiger Nährstoffe und damit die Versorgung der Zellen empfindlich gestört. Denn alle Vitalstoffe und Sauerstoff gelangen über die Bindegewebsflüssigkeit in die Zellen; diese Flüssigkeit ist das Bindeglied zwischen Körperzellen und Blutgefäßen. Sind die Zellen verstopft, bleiben sämtliche Nährstoffe liegen und versauern im Körper. Die Folge: Sie fühlen sich müde, schlapp und lustlos. Langfristig können mitunter sogar Krankheiten wie Herzinfarkt, Rheuma oder Gicht die Folge sein.

Wellness-Zentrale Darm

Der Darm ist unser wichtigstes Verdauungsorgan. Hier wird die Nahrung aufgespalten, die Nährstoffe werden von hier aus über das Blut in alle Organe weitergeleitet; unverdauliche Bestandteile und Schadstoffe werden ausgeschieden. Eine intakte Darmschleimhaut sorgt dafür, dass Krankheitserreger keine Chance haben. Die Darmflora gewährleistet einen reibungslosen Abbau von Stoffwechselprodukten. Ist sie beschädigt, kann Verstopfung die Folge sein.

Sind wir gestresst, rauchen zu viel oder kauen zu hastig, können die Vitalstoffe nur zu einem Bruchteil aus der Nahrung herausgefiltert werden. Damit der Darm optimal funktioniert, ist eine bewusste gesunde Ernährung mit viel frischem Obst, Gemüse und Milchprodukten unerlässlich. Unterstützend wirkt ein Entschlackungstag, den Sie mindestens einmal im Monat einlegen sollten.

Das Wohlfühlrezept: regelmäßig Ballast abwerfen. Entschlackungstage beflügeln Körper und Seele. Sie fühlen sich stark und fit.

FASTEN – BALSAM AUCH FÜR GEIST UND SEELE

Klingt merkwürdig, aber stimmt: Fasten reinigt nicht nur den Körper, sondern macht auch den Kopf frei und entspannt. Hintergrund: Durch den Nahrungsentzug wird paradoxerweise mehr vom Gute-Laune-Macher Serotonin gebildet und zugleich sein Abbau verlangsamt. Darum kann der Glücksbringer länger wirken. Sie sollten jedoch niemals auf eigene Faust über eine längere Zeit fasten, sondern möglichst unter ärztlicher Aufsicht. Anfänger starten am besten in einer Gruppe – unter Gleichgesinnten ist es einfacher.

Trinken ist Trumpf

Ganz wichtig an den Entlastungstagen ist das Trinken. Flüssigkeit sorgt dafür, dass überflüssige Bestandteile der Nahrung über Nieren und Darm ausgespült werden. Der Körper wird von innen gereinigt und die Verdauung angekurbelt. Mindestens zwei bis drei Liter Flüssigkeit pro Tag sollten es sein: Wasser, Früchtetees, ungesüßte Fruchtsäfte, leichte Schorlen. Kaffee und Tee sind tabu.

Reistag für Hungrige

Naturreis kombiniert mit frischem Obst und Gemüse ist das Fitnessgeheimnis. Die kleinen Körner sind wahre Kraftpakete; sie liefern Kohlenhydrate und Ballaststoffe, die lang anhaltend sättigen. Somit sind sie ideal für alle, die häufig von Hungergefühlen geplagt werden. In den dunklen Randschichten stecken reichlich Vitalstoffe für starke Nerven. Kalium leitet Schadstoffe und Abbauprodukte des Fettstoffwechsels aus dem Körper.

► **Die Vorbereitung**

Pro Tag gibt es 200 Gramm Vollkornreis (trocken gewogen). Bereiten Sie schon am Morgen die für den ganzen Tag vorgesehene Menge vor.

► **Rezept für den Apfelsaftreis**

100 g Reis
125 ml ungesüßter Apfelsaft
200 ml Wasser
500 g Obst (je nach Wunsch Äpfel, Birnen, Himbeeren)
Zubereitung: Den Reis mit dem Apfelsaft und dem Wasser bei schwacher Hitze etwa 40 Minuten quellen lassen. Noch aromatischer wird der Apfelsaftreis, wenn Sie statt Wasser zubereiteten Earl-Grey-Tee verwenden.

► **Rezept für den Wasserreis**

100 g Reis
225 ml Wasser
850 g Gemüse (Paprika, Möhren, Zucchini)
Verschiedene Kräuter zum Würzen
Zubereitung: Reis im Wasser (ohne Salz!) quellen lassen.

► **Der Speiseplan**

Als Frühstück oder Zwischenmahlzeit essen Sie Apfelsaftreis. Dazu gibt es insgesamt 500 Gramm frisches Obst pro Tag. Mittags und abends je 850 Gramm frisches oder gedünstetes Gemüse unter den Wasserreis mischen, mit Kräutern oder Gewürzen abschmecken; nicht salzen.

Molkekur für Energiebedürftige

Molke, eine Flüssigkeit, die bei der Herstellung von Quark und Käse anfällt, ist die ideale Basis, um den Stoffwechsel zu aktivieren. In Kombination mit vitamin- und mineralstoffreichen Früchten und Gemüse entwässert Molke den Körper, entlastet den Stoffwechsel, baut Fett und Schlacken ab. Schon während einer kurzen Molkekur verspürt der Körper einen Power-Schub. Das kalorienarme Getränk enthält reichlich rechtsdrehende Milchsäuren, die die Verdauung ankurbeln. Eiweißbausteine der Molke kräftigen das Immunsystem und stärken die Muskeln. Mineralstoffe und der Anti-Stress-Booster Magnesium runden das breite Wirkungsspektrum des Getränkes ab.

► **Die Vorbereitung**

Besorgen Sie sich pro Entschlackungstag einen Liter Diätkurmolke (aus dem Reformhaus). Darüber hinaus benötigen Sie ungesüßte Fruchtsäfte und Kräutertees, jeweils etwa 50 Milliliter Frischpflanzensaft wie Weizengras-, Zinnkraut- oder Aloe-Vera-Ursaft sowie mehrere Liter

Entschlacken mit Genuss: Naturreis – kombiniert mit frischem Obst und Gemüse – lässt Hungergefühle gar nicht erst aufkommen und liefert reichlich Vitalstoffe. Wer es noch unkomplizierter mag, entscheidet sich fürs Saftfasten.

natriumarmes Mineralwasser. Den kleinen Hunger zwischendurch stillt ein fettarmer Naturjoghurt mit frischem Obst und Gemüse.

► **Der Speiseplan**

Trinken Sie pro Tag einen Liter Diätkurmolke, unter die Sie die ungesüßten Fruchtsäfte und Kräutertees mischen. Außerdem jeweils etwa 50 Milliliter Frischpflanzensaft dazugeben; der Saft liefert jede Menge Vitalstoffe und unterstützt die entschlackende Wirkung der Molke. Reichlich natriumarmes Mineralwasser trinken: etwa drei Liter täglich, damit alle Stoffwechselfunktionen und die Fettverbrennung optimal funktionieren. Zwischendurch einen fettarmen Naturjoghurt löffeln oder rohes Obst und Gemüse knabbern. Sie unterstützen kraft ihrer Enzyme und sekundären Pflanzenstoffe die Entgiftung.

Saftfasten für Eilige

Obst und Gemüse in flüssiger Form aus der Flasche – genau das Richtige für Faultiere, denn lästiges Putzen und Zubereiten im Vorfeld entfällt. Trotzdem erhält der Body mit hochwertigen Säften einen optimalen Mix aus Vitaminen, Mineralstoffen und Pflanzensubstanzen, die das Immunsystem stärken, entwässern und das Gewebe straffen.

► **Die Vorbereitung**

Im Reformhaus oder Naturkostladen hochwertige Obst- oder Gemüsesäfte ohne Zucker- oder Salzzusatz kaufen. Wer sich mehr Mühe machen möchte, besorgt sich sein Lieblingsobst und -gemüse und entsaftet selbst.

► **Der Speiseplan**

Über den Tag verteilt trinken Sie etwa ein bis zwei Liter Frucht- oder Gemüsesäfte. Dazu gibt es etwa einen Liter ungesüßten Kräutertee und natriumarmes Mineralwasser.

Rohkostkur für Frischkostfans

Herrlich! Einen ganzen Tag lang knackige Salate und zartes Gemüse knabbern und süßes Obst naschen. Der Körper schwelgt in Vitalstoffen, der hohe Ballaststoffanteil entgiftet und macht satt.

► **Die Vorbereitung**

Kaufen Sie etwa zwei bis drei Kilogramm Obst und Gemüse der Saison. Mit einer Einschränkung: Bananen, Weintrauben und Avocados sind tabu, denn sie enthalten reichlich Kalorien.

► **Der Speiseplan**

Wer es unkompliziert mag, kann Obst und Gemüse pur oder als Salat mit einem Spritzer Zitronen- oder Orangensaft genießen. Dazu schmeckt als herzhafte »Beilage« ein Dip aus zwei Esslöffeln Magerquark, frischen Kräutern, Knoblauch und zwei Esslöffeln Mineralwasser. Und wer am Tag etwas Warmes braucht, dünstet das Gemüse in wenig Gemüsebrühe und schwenkt es anschließend in einem Teelöffel hochwertigem kaltgepresstem Olivenöl.

Do's and Dont's für gesundes Essen

Top: Power-Pakete

Diese Produkte sind supergesund – greifen Sie ruhig zu!

► **Biofood** (aus dem Reformhaus oder Bioladen) schmeckt meist besser als konventionell produzierte Ware und enthält garantiert keine künstlichen Aromen oder Geschmacksverstärker.

► **Wasser, Früchte- oder Kräutertees** sind gesunde Durstlöscher, die den Körper neben Flüssigkeit mit wertvollen Vitalstoffen versorgen. Die Top-Drei in Sachen gesunde Inhaltsstoffe sind Möhren-, Tomaten- und Orangensaft.

► **Kartoffeln, Hülsenfrüchte und Vollkorngetreide** machen durch ihre wertvollen Kohlenhydrate und Ballaststoffe angenehm satt und fördern die Ausscheidung von Giftstoffen über den Darm. Sie enthalten viele B-Vitamine für Gehirn und Nerven sowie entwässerndes Kalium und den Anti-Stress-Mineralstoff Magnesium.

► Hochwertige **Öle** wie Oliven- oder Distelöl liefern ungesättigte Fettsäuren, die die Körperzellen schützen und Herz-Kreislauf-Erkrankungen entgegenwirken. Außerdem können sie Krebserkrankungen vorbeugen.

► **Joghurt, Milch und Käse** stecken voller Kalzium für gesunde Knochen und Zähne.

► **Obst und Gemüse** der Saison ist besonders aromatisch und steckt voller Vitalstoffe. Damit kann die weitgereiste Importware selten mithalten.

► **Kräuter und Gewürze** sind die bessere Alternative zum Salzstreuer. Sie helfen nicht nur, Natrium mit seiner aufschwemmenden Wirkung einzusparen, sondern bringen abwechslungsreiche Würze und bieten eine Extraportion Biostoffe (Vitamine, Mineralstoffe, sekundäre Pflanzenstoffe).

Flop: Energiesauger

Zugegeben, auf manche dieser Lebensmittel zu verzichten fällt schwer. Aber sie tun uns nicht gut, machen schlapp müde oder krank. Deshalb diese möglichst selten, am besten gar nicht essen!

► Die meisten stark verarbeiteten Lebensmittel wie **Fertigprodukte, Fastfood** und **Cola** enthalten fast keine Vitalstoffe mehr, dafür aber umso mehr Kalorien aus Fett und Zucker. Besonders ungünstig ist der oft hohe Phosphatgehalt dieser Speisen und Getränke, der die Aufnahme von Kalzium im Körper behindert und so langfristig zu brüchigen Knochen (Osteoporose) führen und die Entstehung von Cellulite fördern kann.

► **Kaffee** wirkt in Maßen zwar anregend, doch mehr als fünf Tassen pro Tag belasten eindeutig den Körper. Außerdem macht zu viel Koffein eher müde als munter. Bestimmte Reizstoffe, die in der gerösteten Kaffeebohne enthalten sind, verstärken das Hungergefühl, andere Bestandteile behindern die Eisenaufnahme und beeinträchtigen dadurch die Sauerstoffversorgung des Körpers.

► Viele **Light-Produkte** enthalten künstliche Süßstoffe, die zu Blähungen führen können. Außerdem setzen Süßstoffe die Geschmacksschwelle für Süßes herab, sodass man die Speisen mit der Zeit immer stärker süßen muss, um überhaupt noch etwas zu schmecken. Besser ist es, sich langsam an weniger süße Speisen zu gewöhnen, indem man den Zuckergehalt nach und nach reduziert.

► **Salz** sollten Sie nur sparsam verwenden, da der hohe Natriumgehalt Flüssigkeit im Körper bindet. Stoffwechselprodukte und Giftstoffe werden in der Folge nicht optimal ausgeschieden, sondern sitzen im Körper fest. Das lässt die Haut manchmal regelrecht aufgeschwemmt aussehen.

Frisches Obst ist ein wahres Power-Paket. Wenn möglich, sollte es Bioware sein, denn konventionell produziertes Obst ist häufig durch Spritzmittel belastet.

Man kann weder gut denken
noch gut lieben noch gut schlafen,
wenn man nicht gut gegessen hat.

Virginia Woolf

Die Tridosha-Curry-Mischung enthält alle sechs im Ayurveda unterschiedenen Geschmacksrichtungen.

Vielseitige Mahlzeiten bringen die Energien von Körper und Seele ins Gleichgewicht.

Extras vom Spezialisten: Essen und Bewegung

Reizvolle Kombiprogramme

Neben einer ausgewogenen Ernährung benötigt der Körper auch regelmäßige Bewegung. Eine Frischekur für den Organismus brauchen Sie aber nicht im Schweiße Ihres Angesichts im Fitnesscenter an Maschinen zu absolvieren, sondern Sie bekommen sie auch auf die sanfte Tour. Leicht genießen mit einfachen Bewegungsprogrammen aus Fernost und dem hohen Norden: Ob Ayurveda plus Yoga oder Fastenwandern plus Nordic-Walking – im Mittelpunkt steht immer die effektive Kombination von Ernährung und Bewegung!

Ayurveda – dosha-gerecht essen

Immer mehr Menschen entdecken die heilende Kraft des Ayurveda, jener über 3000 Jahre alten indischen Heilkunde (Seite 90), für sich. Ein regelrechter Boom ist zu verzeichnen, der sich in zahlreichen Angeboten der Reise- und Seminarveranstalter niederschlägt. Die Palette reicht von der klassischen zweiwöchigen Ayurvedakur in Indien oder Sri Lanka bis zum zweitägigen Einführungskurs in die ayurvedische Küche zu Hause, in Hamburg, Cloppenburg oder Bayern. Ob komplette Kur oder Kurzeinführung in die ayurvedische Kochkunst: Nach einer derartigen Erfahrung bekommen Sie garantiert Lust auf gesundes Kochen auch zu Hause. Doch ayurveda-gerechtes Essen ist nur ein Teil eines umfassenden Konzeptes.

Balance für Body & Soul

Ziel des Ayurveda ist es, die Selbstheilungskräfte anzuregen, das Immunsystem zu stärken und Körper, Seele und Geist umfassend zu regenerieren – kurzum: das Leben insgesamt in Balance zu

Ob bei Ayurveda-Kur oder Yoga-Seminar: Eine vitale Ernährung, auch mit exotischen Früchten, spielt hier eine wichtige Rolle.

Die körperlichen Übungen aus dem Yoga sind nur ein Bestandteil dieser Lehre.

bringen. Kombiniert werden Ayurveda-Diät, das Fasten, verschiedene Reinigungsmethoden wie beispielsweise Ganzkörperölmassagen, Wärmedampfbäder und Elemente aus der Pflanzenheilkunde sowie Yoga mit Atemübungen und Meditation.

Individuell maßgeschneidertes Programm

Am Anfang steht die Analyse der *Doshas* (drei Energieströme). Auf deren Basis bestimmt der ayurvedische Arzt individuell, welche Ernährung, welche Reinigungsmaßnahmen und welche Yoga-Übungen dem Klienten gut tun, stellt eine Art Programm auf. Wichtiges Element der Behandlung ist die Ayurveda-Diät: In ihrem Mittelpunkt steht nicht das Kalorienzählen, sondern dosha-gerechtes Essen. Wenn die Energieströme wieder im Einklang sind – so die ayurvedische Überzeugung –, fühlt man sich wohl, entschlackt und wie neugeboren. Das beste Mittel, die Energieströme im Gleichgewicht zu halten, ist Abwechslung und Vielseitigkeit. Jede Mahlzeit sollte darum alle sechs Geschmacksrichtungen – bitter, herb, salzig, süß, scharf und sauer – enthalten. Wichtig ist auch, die Mahlzeiten in Ruhe einzunehmen. Dann wirken die Gerichte wie Medizin.

Yoga-Seminare: Veggie Meals und Lotussitz

Sie haben die Wahl: zwei Wochen Yoga und Meditieren in Nepal oder ein Wochenendseminar zu Yoga und Tiefenentspannung an der Ostsee. Das Angebot der Reise- und Seminarveranstalter ist breit gefächert, doch immer geht es um die indische Erlösungslehre Yoga, um den achtstufigen Weg der Selbsterfahrung. Viele Menschen suchen im Yoga einen Ausgleich zu ihrem stressigen, hektischen Lebenswandel. Im Westen ist das Hatha-Yoga am weitesten verbreitet; der Schwerpunkt liegt dabei auf den körperlichen Übungen, von denen es über 300 verschiedene gibt; die bekannteste ist der Lotussitz.

Fit durch vegetarische Ernährung

Wer in Seminaren und Kursen tiefer einsteigt, wird erfahren, dass die Ernährung auch beim Yoga eine wichtige Rolle spielt. Eine ausgewogene vegetarische Ernährung unterstützt die entspannende Wirkung der Übungen. Zu essen gibt es viel frisches Obst, Gemüse, würzige Kräuter, Salat, Brot und kohlenhydratreiche Pasta oder Reis. Diese Nahrungsmittel sättigen auf angenehme Art und liefern jede Menge gesunder Biostoffe.

Gesund und lecker kochen wie die Profis

Wer nach einer Ayurveda-Kur oder einem Yoga-Seminar auf den Geschmack gekommen ist und sich nun selbst als Koch versuchen möchte, sollte mal an einem Kochkurs teilnehmen: Schnippeln, Brutzeln und Probieren mit netten Leuten. Kochkurse bieten eine gute Möglichkeit, seinen Genießerhorizont zu erweitern. Kurse unterschiedlicher Art werden in allen größeren Städten angeboten. Ob in Volkshochschulen oder bei

Wasser, Fruchtsäfte, Tees: Trinken ist die zentrale Ernährungskomponente bei Kursangeboten zum Nordic-Walking und Fastenwandern. Als Belohnung winkt neuer Schwung im Alltag.

einem Spitzenkoch im Gourmetrestaurant. Das Angebot ist vielfältig. Wer dabei noch gesund genießen möchte, ist mit Kursen thailändischer oder japanischer Küche oder speziell Fitnessküche gut bedient. Rufen Sie einfach einmal bei Ihrem Lieblingsrestaurant an und fragen nach Angeboten zum Selberkochen.

Fastenwandern – Raum für das Wesentliche

Viel trinken, wenig oder gar nichts essen und wandern – das sind die Säulen des Fastenwanderns. Doch hat dies nichts mit Selbstquälerei und schwer fallendem Verzicht zu tun: Teilnehmer der fünf- bis sechstägigen Fastenwandertouren sprechen vielmehr begeistert von einem Zurückfinden zu sich und zur Natur, von neu getankter Kraft und frischer Energie.
Organisierte Gruppenfastenwanderungen werden in ganz Europa durchgeführt. Die Wanderziele reichen von der Algarve und Madeira über die Fränkische Alb und die Mecklenburger Seenplatte, vom Schwarzwald über die Toskana bis nach La Palma. Gruppengröße, Unterbringungsstandard, Tageskilometer, Geländeschwierigkeiten, Verpflegung und Betreuungsart sind ganz unterschiedlich. Manche Anbieter ergänzen das Programm mit Gesundheitsvorträgen und Entspannungsübungen.
Wer nicht in der Gruppe wandern möchte, kann auch auf eigene Faust oder mit Freunden losziehen, vorausgesetzt, er ist gesund. Für viele ist das Fastenwandern in einer Gruppe aber angenehmer: Mögliche Anfangskrisen wie Kreislaufschwächen, Kopf- und Magen-

beschwerden oder auch einfach Motivationsprobleme werden von den Mitwanderern aufgefangen. Die häufigsten Schwierigkeiten entstehen übrigens durch ungenügende Kondition und Fußblasen – also unbedingt auf gutes Schuhwerk achten.

Neuer Schwung für den Alltag

Wie auch immer das Programm aussieht, Kern ist die Kombination von Bewegung (Wandern) und Fasten. Das Fasten harmonisiert den Stoffwechsel, entsäuert den Organismus und regeneriert den Säure-Basen-Haushalt. Der Nahrungsverzicht entlastet das Verdauungssystem und aktiviert die Hormon- und Antikörperproduktion. Ganz nebenbei entschlackt und entspannt das Fasten Körper und Geist und gibt neuen Schwung für den Alltag. Und auch bei bestimmten Krankheiten verspricht Fastenwandern Linderung, etwa bei Neurodermitis, Rheuma und Arthritis. Mit Früchten, Gemüse, Wasser und Tee bekommt der Körper rein basische Kost. Die Ausscheidungsorgane werden dadurch zusätzlich unterstützt. Die Nieren müssen fleißig filtern, filtern, filtern. Drei Liter Flüssigkeit täglich – also Wasser, Tee oder Säfte – gibt es zu trinken. Minimum!

Molke-Drinks und Nordic-Walking

Obstsaft, Gemüsebrühe, Molke-Drinks und Spezial-Wanderstöcke. Mehr ist nicht nötig, um Fettpolster abzubauen und neue Energie für den Alltag zu gewinnen. Die Kombination aus Molke-Wellness-Shakes und Nordic-Walking ist supertrendy.
Die Power-Variante vom normalen Walking sieht aus wie Skilanglauf auf der grünen Wiese, kommt aus Finnland und wurde dort als Sommertraining für Spitzensportler entwickelt. Studien haben ergeben, dass das schnelle Gehen mit Spezialstöcken rund 40 Prozent effektiver ist als herkömmliches Walking. Es stärkt nicht nur Po und Beine, sondern auch die Muskulatur von Schultern, Rücken, Brust und Armen. Verspannungen werden gelöst, die Gelenke geschont und der Alltagsstress bleibt auf der Strecke. Nordic-Walking ist ein idealer Sport, um sanft die Pfunde schmelzen zu lassen und die Figur zu straffen. Die perfekte Dosis: mindestens 30 Minuten, maximal zwei Stunden drei- bis viermal pro Woche in gleichmäßigem Tempo walken.

Laufend Fett verbrennen

Die zumeist einwöchigen Walking-Events werden in Deutschland, Südtirol oder auf Mallorca angeboten, zum Teil in Kombination mit einem speziellen Diät- und Wellness-Programm. Das Programm startet mit einer Extrementgiftung: Man trinkt ein Glas Glaubersalz, um den Darm zu entleeren; danach stellt sich der Organismus auf Entschlacken ein. Während der Woche gibt es Heilkräutercocktails, Gemüsebrühe, Molke-Drinks und zusätzlich Eiweiß-Shakes. Aktive Honigenzyme sorgen für die Verdaulichkeit des gesunden Drinks. Die Walking-Touren führen durch herrliche Landschaften. In der Gruppe unter Anleitung macht Walken noch mehr Spaß, man entschlackt auf angenehme Weise.

Die 10 Gebote für Besser-Esser

► In Ruhe genießen

Die Zauberformel für grenzenlosen Essgenuss heißt: sich Zeit nehmen, hinsetzen und jeden Bissen bewusst genießen. Ergebnis: Der Magen meldet viel früher, dass er gut gefüllt ist. Und: Eine kurze Pause entspannt den Geist und macht fit für die nächsten Taten.

► Mahlzeiten einhalten

► Morgens braucht der Körper einen Energiekick. Ein gutes Frühstück ist daher essentiell. Wer frühmorgens zu faul ist zum Kauen, mixt sich einen Shake, zum Beispiel aus Buttermilch, Kefir oder flüssigem Joghurt, Fruchtsaft wie Orange, Banane oder Pfirsich und ein oder zwei Esslöffeln Haferflocken. So kann der Stoffwechsel langsam auf Touren kommen. Spätestens um 9 Uhr ist es Zeit für ein Müsli oder Sandwich.

► Für das Mittagessen sollte eine halbe Stunde drin sein: Pasta, Risotto oder ein kleines Steak sind ideal. Sie machen satt, aber nicht zu müde.

► Abends reicht eine Kleinigkeit wie Salat oder ein Süppchen. Bekommt der Körper den ganzen Tag über nichts zu essen, rächt er sich mit einer Heißhungerattacke am Abend. Also, Mahlzeiten einhalten!

► Trinken bis zum Umfallen

Davon dürfen Sie ruhig über den Durst trinken: Mineralwasser, Obst- und Gemüsesaftschorlen, ungesüßte Früchte- und Kräutertees. Mindestens zwei Liter täglich, besser sogar drei! Absolut tabu als Durstlöscher: Limonaden und Energy-Drinks. Sie sind zu zuckerhaltig, als Aufputschmittel hin und wieder allerdings okay. Der Zutatencocktail entspricht dem einer Tasse Kaffee mit viel Zucker. Wer es mag.

► Sanfter Druck gegen Hunger

Den Hunger mit Akupressur austricksen: Etwa 20 Sekunden mit dem Mittelfinger in die Vertiefung zwischen Nase und Oberlippe drücken.

► Nach dem Sündenfall

Ein gemütlicher Abend mit Pizza, Eiscreme oder Rotwein vor dem Fernseher ist herrlich – und das schlechte Gewissen am nächsten Tag oft groß. Keine Panik! Solche kleinen Fehltritte lassen sich mit einem Obsttag ausbügeln: Den ganzen Tag Obst naschen und trinken.

Fünf pro Tag

Rot, gelb, grün, blau. Die Farben von frischem Obst und Gemüse sind so attraktiv wie ihre Inhaltsstoffe: Sekundäre Pflanzensubstanzen, Vitamine und Mineralstoffe schützen den gesamten Organismus, aktivieren den Stoffwechsel und stärken die Immunabwehr. Mindestens fünfmal täglich zu Obst und Gemüse greifen – egal ob pur, als Salat oder in flüssiger Form als Saft. Das macht topfit und steigert das Wohlbefinden.

Der Einkauf als Happening

Nie mit knurrendem Magen in den Supermarkt gehen! Das ist erstens schlecht für das Portemonnaie, zweitens für die Figur. Alle Waren erscheinen köstlich und begehrenswert. Da wandert viel Überflüssiges in den Einkaufswagen. Lieber zusammen mit einer Freundin ein kleines Ereignis aus dem Einkauf machen. Zum Beispiel nach einem ausgedehnten Frühstück am Samstag relaxt über den Wochenmarkt schlendern. Hier gibt's frische Früchte und knackiges Gemüse in bester Qualität und aus heimischem Anbau.

Der Hauttest

Ein einfacher Test zeigt, ob Sie genügend trinken: Die Haut am Handrücken leicht hochzupfen. Wenn sie sich nur langsam wieder anschmiegt, sind Sie dehydriert. Erste Hilfe: trinken, am besten pro Stunde ein Glas Wasser.

Zähne putzen

Kleiner Trick gegen die Naschsucht: Nach den Mahlzeiten Zähne putzen oder einen Kaugummi kauen. Das wirkt erfrischend und das intensive Minzaroma nimmt die Lust auf weitere Süßigkeiten.

Snack Attack

Kleine Gerichte verhindern Motivationstiefs und sorgen dafür, dass der Blutzuckerspiegel nicht zu stark absinkt und Heißhungerattacken ausbleiben. Super für zwischendurch sind Low-Fat-Snacks, die satt machen: würzige Sushi, fruchtiger Obstsalat oder gaumenschmeichelnde, cremige Obst-Smoothies mit fettarmem Joghurt. Ideal ist auch heiße Brühe.

WellFit
Aktiv auf sanfte Art

Wer fit ist, fühlt sich wohl und zieht die gute Fee »Lebensfreude« magisch an. Das Schönste an unseren Fitnessvorschlägen: Sie sind auf Ihre Tagesform und -bedürfnisse abgestimmt – so können Sie die Workouts richtig genießen!

Glücksdroge Bewegung

Bewegung ist eines der wichtigsten Bedürfnisse des Körpers. Unser Body nimmt es uns übel, wenn wir stundenlang bewegungslos in bestimmten Positionen verharren. Auf dauerndes Sitzen in Büro, Auto oder Wohnzimmersessel reagiert er schmerzhaft-beleidigt: mit verspannten Muskeln oder Rückenbeschwerden, mit Nervosität oder Müdigkeit, mit Übergewicht oder Kurzatmigkeit, manchmal sogar mit chronischen Erkrankungen.
Der Körper braucht Bewegung, er braucht Sport – regelmäßiges Fitnesstraining hält ihn gesund und fit, jung und schön. Doch Sport kann noch viel mehr: Er macht glücklich und hebt das Selbstwertgefühl – so die Erkenntnis neuester wissenschaftlicher Untersuchungen.

TIPP

FIT OHNE LEISTUNGSDRUCK
Kein falscher Ehrgeiz beim Fitnesstraining! Wer den Druck des Arbeitstags in den abendlichen Sport mitnimmt und dort Hochleistung zeigen will, überfordert Kopf und Körper. Das Ergebnis: Der Body zieht die Notbremse. Das Immunsystem macht schlapp. Man fühlt sich unwohl, unausgeglichen und wird leichter krank. Deswegen immer auf den Körper hören und darauf achten, was Ihnen gut tut.

Frauen, die sich regelmäßig um ihre Fitness kümmern, können nicht nur ihren Körper besser leiden, sie fühlen sich auch insgesamt stark, sind selbstbewusst und zufriedener, klagen weniger über Stress und Erschöpfung. Auch Angstzustände, Depressionen oder Essstörungen treten bei sportlich aktiven Frauen viel seltener auf. Der Grund: Das Gefühl, Kontrolle über den eigenen Körper zu haben, gibt Power und macht stark.

Fitness sorgt für Hormonbalance

Ursache für das bewegte Zusammenspiel von Fitness und Psyche sind bestimmte Hormone; einige werden durch Sport vermehrt produziert, andere hingegen durch intensive Bewegung abgebaut. Kurzfristig steigt während des Sports die Konzentration von Stresshormonen im Blut an. Dadurch fühlen wir uns sofort wacher und leistungsfähiger. Langfristig jedoch senkt regelmäßiges Training die Ruhekonzentration der Stresshormone im Blut (Adrenalin, Noradrenalin, Cortisol). Das hat zur Folge, dass man sich durchweg ausgeglichener fühlt und weniger stressanfällig ist. Auf der anderen Seite lässt regelmäßige Bewegung den Testosteronspiegel ansteigen; dieses Hormon fördert den inneren Antrieb, macht stark und dynamisch. Untersuchungen lassen vermuten, dass Sport auch die Bildung des Gewebshormons Serotonin im Gehirn anregt und damit für positive Stimmung und gute Laune sorgt. Diesen positiven Effekt hat auch das Hormon Dehydroepiandrosteron (DHEA), das ebenfalls beim Sport vermehrt ausgeschüttet wird. Ein ausreichend hoher DHEA-Spiegel sorgt dafür, dass das Gehirn den ganzen Tag wach und leistungsfähig bleibt.

Lustprinzip und Wohlfühlfaktor – ohne geht's nicht!

Um Spaß am Fitnesstraining zu haben und dauerhaft am Ball zu bleiben, muss jeder Einzelne »seine« Sportart finden. Jogging, Walking, Schwimmen, Tanzen, Inlineskaten, Aerobic, Yoga, Pilates, Volleyball, Fitnessstudio und und und – die Möglichkeiten sind zahlreich. Bei der Suche nach der richtigen Bewegungsform stehen persönliche

Zur Ruhe kommen mit Yoga oder sich draußen bewegungsintensiv auspowern: Fitness erfüllt die verschiedensten Bedürfnisse.

Vorlieben und individuelles Gefühl im Mittelpunkt: Wer auf die Stimme seines Körpers hört, spürt schnell, ob ihm das Training etwas bringt. Bei andauernder Unlust, Überforderung oder Langeweile gilt: etwas anderes ausprobieren! Ein weiterer Tipp zum Durchhalten: Setzen Sie sich realistische Ziele. Überlegen Sie sich genau, was Sie erreichen wollen – sich einfach regelmäßig bewegen, gezielt zwei Kilo Übergewicht loswerden oder wieder in die alte Jeans hineinpassen. Wichtig ist allerdings, dabei realistisch zu bleiben. Denn wer erkennen muss, dass das, was er sich vorgenommen hat, gar nicht zu erreichen ist, gibt schnell wieder auf.

WellFit-Workouts für gewisse Stunden

Auch bei den folgenden Kurz-Workouts stehen Lustprinzip und Wohlfühlfaktor an oberster Stelle. Das Besondere: Je nach momentaner Bedürfnislage – Anspannung oder Antriebslosigkeit, Nervosität oder Müdigkeit – richtet sich die Wahl der Übungseinheit. Probieren Sie aus, welche Übungen Ihnen gefallen und gut tun! Das kann von Woche zu Woche, von Tag zu Tag unterschiedlich sein. Die Workouts geben dem Körper, selbst wenn wenig Zeit ist, die Art von Bewegung, die er gerade braucht – bei Anspannung und Stress, um sich zu entspannen, nach Phasen der Ermüdung und Schlaffheit, um wieder fit und aktiv zu werden.

► **Seite 50–53:** Wer sich auspowern, mal richtig Dampf ablassen und schwitzen will, wählt Bodyforming, ein effektives Training für schöne, straffe Muskeln. Oder er entscheidet sich für das Box-Workout, den schwungvollen Stresskiller, der das Herz-Kreislauf-System so richtig auf Touren bringt.

► **Seite 56–59:** Wer nicht zur Ruhe kommt, ist mit den Entspannungsübungen aus Yoga oder Asia-Fitness bestens beraten.

► **Seite 62–65:** Lebenslust pur vermittelt Salsa-Aerobic – fröhliche, tänzerische Bewegungen zu Latinoklängen. Auf der Suche nach äußerem wie innerem Gleichgewicht zu ruhigeren Tönen ist Balancing das Richtige. Alles eine Frage der Stimmung.

Power-Workouts – die Muskeln kräftigen, schwitzen, Dampf ablassen

Frauen können manchmal nicht einschätzen, wie viel körperliche Power wirklich in ihnen steckt. Ein gezieltes Training hilft, die starken Seiten an sich kennen zu lernen. Power-Sport wie ein Box-Workout baut nicht nur Muskeln auf, zaubert straffe Konturen und schickt Stress in die Wüste. Er gibt zugleich dem Selbstbewusstsein einen immensen Kick. Zusätzlicher Bonus: Dieses Gefühl von Stärke überträgt sich auf den Alltag.

► Wenn der kritische Blick in den Spiegel zeigt, dass der Körper nicht mehr so fest ist wie gewünscht, dass die Rundungen an Po und Oberschenkeln zu üppig geworden sind oder die Schultern nach vorn hängen, hilft nur eines: **Bodyforming** – gezieltes Muskeltraining (Seite 50). Es bringt schlaffe Konturen wieder in Form und macht gleichzeitig stark. Denn feste Muskeln und eine aufrechte Haltung sorgen dafür, dass wir – im wörtlichen wie im übertragenen Sinn – aufrecht durchs Leben gehen. Das große Plus: Muskeltraining kann jeder problemlos zu Hause machen. Etwas Platz, eine Unterlage (Isomatte oder Decke) und bequeme Kleidung – mehr ist fürs Bodyforming nicht nötig.

► **Box-Workouts** bringen aus der Puste und geben jede Menge Power (Seite 52). Wenn man mal richtig Dampf ablassen muss, dann ist dieses Training – eine Kombination von Elementen der Kampfsportarten Karate, Taekwondo und Kickboxen mit einfachen Aerobic-Schritten – genau das Richtige. Die Fäuste mit aller Wucht in die Luft boxen, die Beine voller Kraft nach vorn treten, sich abreagieren. Schon nach ein paar Schlägen fühlt man sich besser. Der Ärger verraucht, der Kopf wird frei für Neues.

Warm-up und Cool-down nicht vergessen!

Vor jedem Training heißt es erst einmal gut aufwärmen! Das *Warm-up* stimmt Körper und Seele auf die Bewegung ein. Der Kreislauf kommt allmählich in Schwung, Muskeln, Bänder, Sehnen und Gelenke werden auf die Belastung vorbereitet, Verletzungen verhindert. Und auch das *Cool-down*, das langsame Herunterkommen nach dem Sport, ist wichtig. Wer abrupt mit dem Training aufhört, riskiert, dass der Blutdruck rapide sinkt – Kreislaufprobleme sind die Folge. Leichte Lockerungsübungen zum Abschluss sorgen außerdem dafür, dass Stoffwechselprodukte schneller aus den Körperzellen abtransportiert werden und dass der Body sich besser regeneriert.

Ein paar Vorschläge zum Warm-up

Gehen Sie fünf bis zehn Minuten auf der Stelle, dabei die Knie möglichst hoch ziehen. Arme und Beine lockern, Schultern rückwärts kreisen, zu den Ohren hoch ziehen und wieder fallen lassen. Wem das zu langweilig ist, der kann sich mit zehn Minuten Walking (Seite 60) oder zehn Minuten Tanzen aufwärmen.

Ein paar Vorschläge zum Cool-down

Gehen Sie langsam auf der Stelle und schütteln Arme und Beine aus. Dreimal tief ein- und ausatmen, beim Einatmen die Arme gestreckt über die Seite bis über den Kopf heben, beim Ausatmen die Arme sinken lassen. Machen Sie anschließend zwei Stretching-Übungen (Seite 49).

STRETCHEN NACH DEM TRAINING

► **Für den Oberkörper:** Stellen Sie sich aufrecht hin und strecken den rechten Arm lang nach oben über den Kopf. Ziehen Sie das Kinn an die Brust – das schützt die Halswirbelsäule. Beugen Sie den Oberkörper nach links, der rechte Arm bewegt sich ebenfalls nach links. Wenn Sie so die rechte Seite gedehnt haben, folgt die linke Seite.

► **Für die Beine:** Stellen Sie die rechte Ferse auf und ziehen die Fußspitze in Richtung Körper. Den Po weit nach hinten schieben, den Oberkörper nach vorn neigen. Der Rücken bleibt gerade. 15 bis 20 Sekunden die Spannung halten, dann Seitenwechsel.

Einige Minuten Rope-Skipping, früher schlicht Springseil springen genannt, ist ebenfalls eine tolle Möglichkeit zum Warm-up.

Bodyforming für eine tolle Figur und starke Muskeln

Der Power-Circuit trainiert Arme, Beine, Rücken, Bauch und Po. Bereits nach kurzer Zeit regelmäßigen Trainings merken Sie: Sie halten sich besser, bekommen einen aufrechten Gang, die Figur wird straffer und fester.

Und so funktioniert es:

- ► Vor dem Training aufwärmen (Seite 48).
- ► Machen Sie jede Übung eine Minute lang – möglichst ohne Pause. (Anfangs ist eine Uhr hilfreich. Später spüren Sie auch ohne Uhr, wie lange Sie die Übungen durchführen müssen.) Danach ruhen Sie sich 30 Sekunden lang aus, lockern Beine, Arme, Schultern und gehen in die Ausgangsposition für die nächste Übung. Wieder eine Minute trainieren – und 30 Sekunden aktive Pause.
- ► Zum Schluss Arme, Beine, Schultern lockern.

1

2

3

4

5

6

1. AUFRECHTE HALTUNG

► Stellen Sie sich aufrecht hin, die Füße sind hüftbreit geöffnet, die Knie leicht gebeugt. Po und Bauch sind angespannt.

► Die Oberarme bis auf Schulterhöhe anheben, die Fingerspitzen zeigen zur Decke. Ziehen Sie jetzt die Arme hinter die Schultern zurück – und dann wieder nach vorn, bis Ellbogen und Schultern eine gerade Linie bilden, nicht weiter. Und wieder zurück.

► Ziel: Kräftigung der oberen Rückenmuskulatur.

2. FESTE OBERSCHENKEL

► Sie stehen mit hüftbreit geöffneten Beinen, die Knie sind gebeugt, die Hände liegen auf den Oberschenkeln.

► Den Po langsam nach hinten schieben. Dabei wird der Rücken gerade nach vorn gebeugt. Jetzt die Oberschenkel in ganz kleinen Bewegungen auf und ab bewegen. Je geringer die Bewegungen, umso effektiver ist die Übung.

► Ziel: Kräftigung der Oberschenkelmuskulatur und Anti-Cellulite-Training.

3. SCHÖNE OBERARME UND EIN TOLLES DEKOLLETÉ

► Hände und Knie auf dem Boden aufsetzen. Die Füße liegen übereinander. Die Hände befinden sich vor den Schultern, die Ellbogen sind leicht gebeugt. Die Bauchmuskeln fest anspannen.

► Beugen Sie die Ellbogen und bewegen Sie das Brustbein auf den Boden zu. Kurz vor dem Boden stoppen und wieder hochkommen.

► Ziel: Stärkung von Brust- und Schultermuskulatur, Oberarmvorder- und -rückseite.

4. STARKES RÜCKGRAT

► Auf den Bauch legen, den Po fest anspannen und den Bauch auf den Boden drücken.

► Heben Sie nun beide Beine etwas an und drücken Sie die Füße fest gegeneinander. Gleichzeitig Kopf und Schultern anheben und die Arme auf Schulterhöhe seitlich wegstrecken. Dann mit den Fingerspitzen an den Hinterkopf tippen und die Arme wieder zur Seite strecken.

► Achtung: Den Kopf nicht in den Nacken nehmen – das schadet der Halswirbelsäule. Die Stirn bleibt parallel zum Boden.

► Ziel: Gezielte Kräftigung der Rückenmuskulatur.

5. FLACHER BAUCH, SCHMALE TAILLE

► Auf den Rücken legen und die Beine nach oben strecken, Knie leicht gebeugt. Kopf und Schultern vom Boden anheben, die Hände an den Hinterkopf legen, die Ellbogen leicht nach hinten drücken.

► Nun den linken Fuß etwas weiter nach oben anheben, dabei hebt sich die linke Pohälfte vom Boden – und wieder senken, 30 Sekunden lang. Dasselbe mit der rechten Seite. Dann beide Beine gleichzeitig anheben, dabei hebt sich das Steißbein etwas – und wieder senken, ebenfalls 30 Sekunden lang.

► Ziel: Stärkung von geradem Bauchmuskel und schrägen Bauchmuskeln.

6. KNACKIGER PO

► Auf den Rücken legen, beide Füße aufstellen. Die Arme sind seitlich ausgestreckt. Langsam Po und Rücken abheben – so weit, bis Oberschenkel und Rumpf eine gerade Linie bilden.

► Strecken Sie das rechte Bein lang nach vorn aus. Fußspitze anziehen. Jetzt das rechte Bein ganz langsam nach oben zur Decke strecken. Langsam wieder senken.

► Wichtig: Po- und Rückenmuskeln sind angespannt. Mit jedem Bein 30 Sekunden lang üben, dann Seitenwechsel. 2 bis 3 Wiederholungen auf jeder Seite.

► Ziel: Stärkung von Gesäßmuskel, unterem Rücken und Beinrückseiten.

Box-Workout – Druck loswerden, sich den Kick holen

Dieses Workout gibt Power und frischen Elan und ist der perfekte Stresskiller. Das Ganzkörpertraining kräftigt zudem die wichtigsten Muskeln, trainiert die Ausdauer und schult die Koordination.

Und so funktioniert es:

► Vor dem Training aufwärmen (Seite 48). Zusätzlich Mini-Kicks machen: Auf einem Bein stehen und mit dem anderen leicht nach vorn kicken, immer im Wechsel. Die Knie sind leicht gebeugt.

► Probieren Sie jede Übung zunächst ganz langsam aus, bis Sie den Ablauf kennen. Nun kann es – zu passender Musik – losgehen. Steigern Sie allmählich das Tempo der Übungen. Das Box-Workout darf ruhig etwas anstrengender sein, aber vor allem soll es Spaß machen.

1

2

3

4

5

6

1. FRONT PUNCH

► Das linke Bein etwas zurücksetzen. Beide Arme anwinkeln und die Fäuste ballen. Die linke Faust auf Höhe der Nase vor dem Gesicht halten, dabei zeigt der Handrücken nach außen. Bauch und Rückenmuskeln anspannen. Das geschieht automatisch, wenn Sie den Bauchnabel etwas einziehen.

► Stoßen Sie nun die rechte Faust auf Schulterhöhe nach vorn (Punch) – dabei den Arm jedoch nicht ganz ausstrecken.

► Auf der Stelle hin und her tänzeln, beim Punch das Gewicht nach links verlagern. Nach 8 Schlägen Seite wechseln, Schlagfolge auf jeder Seite 3-mal wiederholen.

► Ziel: Kräftigen der gesamten Oberkörpermuskulatur.

2. ROLLING-BALL

► Marschieren Sie auf der Stelle und ziehen Sie die Knie dabei hoch. Halten Sie beide Fäuste geballt auf Brusthöhe vor dem Körper, die Ellbogen zeigen nach außen.

► Nun die Fäuste ganz schnell umeinander kreisen lassen, 30 Sekunden lang. Kurze Pause. Danach Richtungswechsel – andersherum kreisen, wieder 30 Sekunden lang.

► Ziel: Kräftigen der gesamten Oberkörpermuskulatur.

3. CROSS-SCHLAG

► Trippeln Sie leicht auf der Stelle und machen Sie dabei einen kleinen Ausfallschritt, der linke Fuß ist hinten. Bauch und Rücken anspannen. Winkeln Sie beide Arme im 90-Grad-Winkel an und halten Sie sie eng am Körper auf Hüfthöhe, die geballten Fäuste zeigen nach oben.

► Nun den linken Arm nach rechts oben stoßen – der Handrücken dreht sich dabei nach oben – und dann genauso schnell wieder in die Ausgangsposition zurück. Bei der Stoßbewegung dreht sich der Oberkörper leicht nach rechts. 8 Stöße auf jeder Seite, 3 Durchgänge.

► Ziel: Kräftigen der gesamten Oberkörpermuskulatur.

4. FRONT KICK

► Die Beine sind hüftbreit geöffnet, die Knie leicht gebeugt. Bauch anspannen, Rücken gerade machen. Die Hände mit geballten Fäusten auf Hüfthöhe halten. Stellen Sie sich fest auf das linke Bein.

► Kicken Sie nun das rechte Bein nach vorn – etwa bis auf Hüfthöhe. Das Knie bleibt dabei leicht gebeugt. Bei jedem Kick schwingt der linke Arm mit nach vorn. Machen Sie mit jedem Bein 8 Kicks. Insgesamt 3 Durchgänge.

► Ziel: Beine und Po in Form bringen.

5. GEGRÄTSCHTER KNEE-UP

► Grätschstand, die Knie sind gebeugt. Die Hände wie zum Klatschen zusammennehmen und über den Kopf nach oben strecken.

► Ziehen Sie nun im Wechsel die Knie seitlich nach oben und bewegen Sie gleichzeitig die Arme schnell vor dem Körper nach unten – bis auf Bauchhöhe. Dabei bewusst ausatmen. Dann den Fuß wieder abstellen und die Arme heben. 16-mal, 3 Wiederholungen.

► Ziel: Beine und Po in Form bringen.

6. SIDE KICK

► Die Beine sind hüftbreit geöffnet, die Knie leicht gebeugt. Bauch und Rücken anspannen.

► Verlagern Sie das Gewicht auf das linke Bein und machen Sie mit dem rechten Bein einen schlagkräftigen Kick zur Seite. Dabei die Ferse nach vorn drücken, das Knie bleibt jedoch gebeugt. Gleichzeitig macht der rechte Arm einen Stoß zur selben Seite. 8 Kicks auf jeder Seite. Insgesamt 3 Durchgänge.

► Ziel: Beine und Po in Form bringen.

Sanfte Entspanner und Fitmacher

Wer dauernd unter Druck steht, einfach nur noch erschöpft ist und das Gefühl hat, den Alltag nicht mehr bewältigen zu können, braucht dringend Ruhe und Entspannung – und ein sanftes Fitnesstraining, das die Energiereserven wieder auffüllt. Harmonische, fließende Bewegungen in Kombination mit einer konzentrierten, tiefen Atmung helfen optimal: Sie relaxen und geben neue Kraft.

Wenn Last auf die Schultern drückt ...

Stress und dauernde Anspannung bei fehlendem Ausgleich belasten Körper, Geist und Seele. Langes Sitzen, einseitige Belastungen, zu wenig Bewegung, Sorgen und Probleme – kein Wunder, wenn Muskeln sich verspannen und Kopf- und Gliederschmerzen die Folge sind. Doch verspannte Muskeln verursachen nicht nur Schmerzen, sondern wirken sich auch negativ auf die Haltung, auf die gesamte Ausstrahlung aus. Die Muskeln verhärten sich, werden schlecht durchblutet und unzureichend mit Sauerstoff versorgt; die Gelenke büßen an Flexibilität und Beweglichkeit ein; der Kopf wird vorgestreckt, die Schultern hängen kraftlos nach unten, das Kreuz wird hohl und der Bauch hängt durch.

Aktiv gegen Verspannungen

Sanftes Fitnesstraining entspannt den ganzen Menschen. Es erfordert zum einen, sich grundsätzlich Zeit für das Training zu nehmen und sich bewusst etwas Gutes zu gönnen. Zum anderen geht es gegen Anspannung gezielt mit einer Kombination aus Muskeldehnung, milder Kräftigung und Atemgymnastik an.
Muskeldehnung (Stretching) macht verkürzte, verhärtete Muskeln wieder geschmeidig; das umliegende Gewebe wird optimal mit Sauerstoff versorgt. Die Gelenke werden beweglicher. Allgemein fällt es leichter, Spannungen abzubauen und ruhiger zu werden. Denn: Elastische Muskeln können viel besser entspannen als harte.
Bewusstes Atmen macht Fitnessübungen noch effektiver. Richtiges Atmen ist tiefes, entspanntes Bauchatmen bis ins Zwerchfell hinein, sodass alle Körperzellen gut mit Sauerstoff versorgt werden. Die meisten Menschen atmen zu oberflächlich: Statt richtig ein- und vor allem auszuatmen, schieben sie die verbrauchte Luft lediglich hin und her. Pro Atemzug tanken sie dabei nur 0,2 Liter Sauerstoff, bei einer Vollatmung sind aber 0,5 Liter möglich. Atmen Sie bei jedem Training möglichst ruhig und gleichmäßig weiter – ohne jede Pause.

Das Qi wieder zum Fließen bringen

Muskeldehnung, sanfte Kräftigung, bewusste Atmung – dieses Dreiergespann ist die Grundlage der folgenden WellFit-Trainingsprogramme.

► **Yoga-Stretching** (Seite 56) kombiniert leicht umsetzbare Yoga-Übungen mit wohltuendem Stretching; das richtige Atmen spielt dabei eine zentrale Rolle.

► Das **Asia-Workout** (Seite 58) verbindet einfache Bewegungsabläufe aus dem Qi-Gong mit Übungen zum Atmen und Entspannen. Die ruhigen und fließenden Bewegungen des Qi-Gong, einer alten chinesischen Methode zur Gesunderhaltung und Heilung, haben sich seit Jahrhunderten bewährt. Jede Übung ist Harmonie, jeder Atemzug Meditation. Muskeln und innere Organe werden mit Sauerstoff und neuer Energie versorgt. Ziel ist es, das Qi, die Lebensenergie, die auf den Meridianen durch den Körper strömt, zum Fließen zu bringen und Balance zwischen Ruhe und Aktivität zu erreichen.

ATEMÜBUNG

Sie atmen richtig, wenn sich der ganze Oberkörper beim Einatmen weitet – erst der Bauch, dann die Seiten, zum Schluss der Brustkorb. Das Ausatmen dauert etwas länger als das Einatmen. Regelmäßiges Training hilft!

Muskeldehnung, bewusste Atmung und sanfte Kräftigung sind das powervolle Dreiergespann auf dem Weg zu tiefer Entspannung und neuer Energie.

Yoga-Stretching – sanft dehnen und tief entspannen

Dieses Programm – bestehend aus drei Stretching- und drei Yoga-Übungen – fördert die Beweglichkeit; Muskeln werden gedehnt und gestärkt, Verspannungen gelöst. In Kombination mit der richtigen Atmung wirkt es tief entspannend. Es bedarf keinerlei Vorbereitung, Sie können sofort einsteigen und mitmachen.

1

2

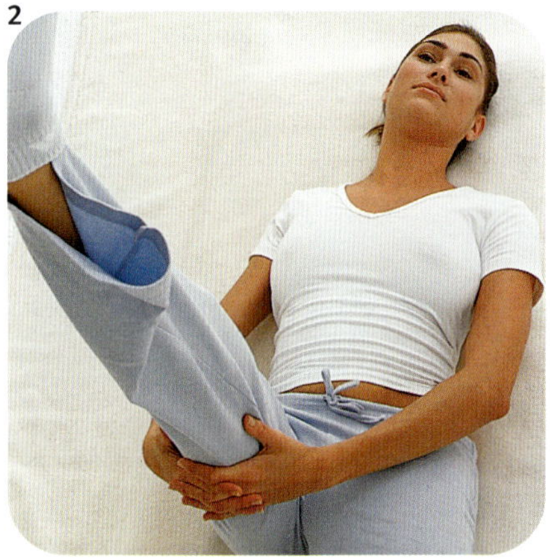

3

4

5

6

1. BAUCH-STRETCH

► Sie liegen bequem auf dem Rücken. Strecken Sie sich lang aus, die Arme über den Kopf, die Beine weit nach unten ziehen. Räkeln Sie sich ausgiebig, rollen Sie auf dem Rücken hin und her. Dabei fließend und gleichmäßig weiteratmen. Wenn Sie das Bedürfnis verspüren, mit weit geöffnetem Mund gähnen.

► Mindestens 15 bis 20 Sekunden lang stretchen.

► Ziel: Das Strecken und Räkeln vertreibt die Müdigkeit und stimmt den Körper auf die folgenden Übungen ein.

2. BEIN-STRETCH

► Auf dem Rücken liegen bleiben, das rechte Bein anheben. Fußspitze zum Körper ziehen und die Ferse nach oben drücken.

► Mit beiden Händen den rechten Oberschenkel umfassen und das Bein etwas weiter an den Oberkörper heranziehen. Kopf und Oberkörper bleiben entspannt auf dem Boden liegen. Das Kinn leicht zur Brust ziehen.

► 15 bis 20 Sekunden, dann die Seite wechseln. Auf jeder Seite 2-mal wiederholen.

► Ziel: Dehnung der Muskeln der Beinrückseite.

3. ROTATION

► Ausgangsposition ist wieder die Rückenlage. Stellen Sie den rechten Fuß auf und legen Sie den rechten Arm schräg nach oben ab.

► Mit der linken Hand an das rechte Knie greifen, das Knie nach links unten führen. Dabei hebt sich die rechte Gesäßhälfte vom Boden. Die rechte Schulter bleibt liegen. Ruhig weiteratmen.

► Die Position etwa 15 bis 20 Sekunden lang halten, dann die Seite wechseln. Jede Seite 2- bis 3-mal.

► Ziel: Wirbelsäule und Hüfte werden beweglich, untere Rücken- und die Brustmuskeln gedehnt.

4. »DER KUHKOPF«

► Setzen Sie sich bequem, aber aufrecht auf den Boden, winkeln Sie die Beine über Kreuz an. Falten Sie die Hände und heben Sie die Arme gestreckt nach oben, die Handflächen sind nach oben gedreht. Versuchen Sie nun, die Arme vorsichtig etwas weiter nach hinten zu bewegen. Der Rücken bleibt gerade.

► Diese Position 15 bis 20 Sekunden lang halten, dann die Arme wieder senken. 2 bis 3 Wiederholungen.

► Ziel: Die Übung dehnt Brust- und Schultermuskeln, wirkt somit gegen Verspannungen in Schultern und Rücken und unterstützt eine aufrechte Haltung.

5. »DAS MONUMENT«

► Mit dem linken Bein einen großen Schritt nach vorn machen, das hintere Bein strecken und den Fuß nach außen drehen. Das linke Bein beugen (rechter Winkel zwischen Ober- und Unterschenkel). Knie und Ferse sollen sich direkt übereinander befinden. Beim Ausatmen beide Arme lang nach oben ausstrecken (Handflächen innen). Schultern locker lassen und nicht hochziehen.

► 5 bis 7 Atemzüge lang in der Position bleiben, danach wieder aufrichten. 3-mal tief durchatmen, dann Seitenwechsel.

► Ziel: Die Übung kräftigt die Beinmuskeln und unterstützt eine aufrechte Haltung.

6. »DAS DREIECK«

► Stellen Sie sich in den Grätschstand. Drehen Sie den linken Fuß nach außen und beugen Sie das Knie. Stützen Sie sich mit dem linken Unterarm auf dem Oberschenkel ab. Atmen Sie tief aus, beugen Sie den Oberkörper nach links und strecken Sie gleichzeitig den rechten Arm nach oben. Arm, Oberkörper und rechtes Bein bilden eine gerade Linie.

► 3- bis 7-mal tief ein- und ausatmen. Dann zurück in die Ausgangsposition, 3-mal tief ein- und ausatmen, Seitenwechsel.

► Ziel: Beweglichkeit der Wirbelsäule, Dehnung der Körperseiten.

Asia-Workout für mehr Ruhe und Gelassenheit

In dieses Programm sind die harmonischen Bewegungsabläufe des Qi-Gong eingeflossen. Nehmen Sie sich Zeit und Muße für die Übungen, entspannende Musik unterstützt das Workout. Die Wirkung: Die Muskeln werden behutsam beansprucht und besser durchblutet, Blockaden bei Stress, Erschöpfung, Beschwerden werden sanft gelöst.

Und so funktioniert es:

► Alle Übungen ruhig und langsam ausführen. Atmen Sie tief ein und aus, bewusst in den Unterbauch. Die Bewegungen folgen der Atmung – nicht umgekehrt.

► Die Übungen jeweils 3- bis 8-mal wiederholen – je nach Körpergefühl.

1

2

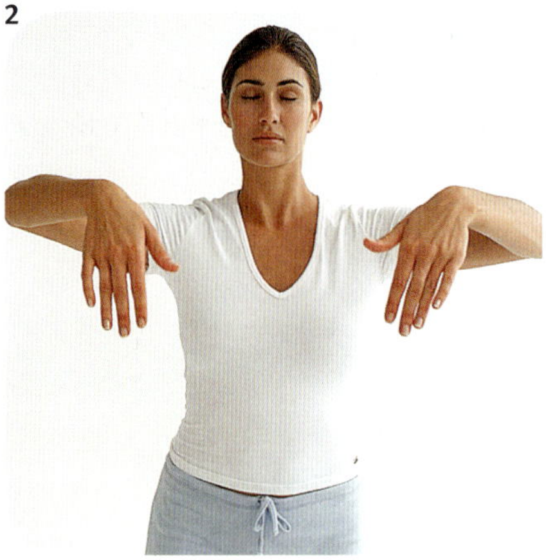

3

4

5

6

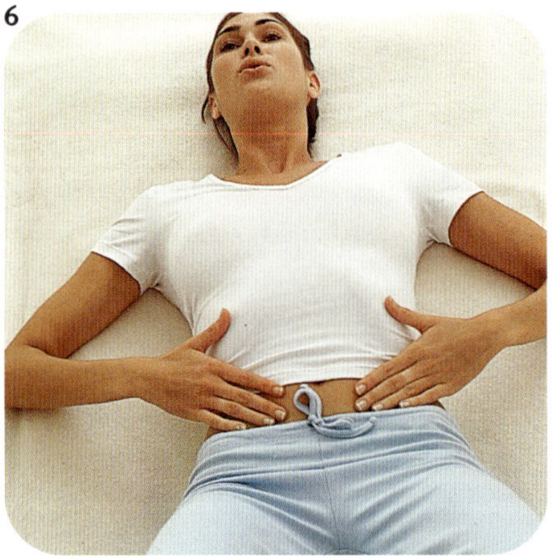

1. KLOPFMASSAGE

► Die Füße stehen hüftbreit geöffnet, die Knie sind leicht gebeugt. Klopfen Sie nun Ihren Körper mit der rechten Handfläche ab: An der linken Brust beginnen, weiter über den Innenarm bis zu den Fingerspitzen und am Außenarm wieder aufwärts bis zur Schulter. Dann vorsichtig die Nackenmuskulatur abklopfen, den Hinterkopf, den Scheitel, die Stirn. Auf der anderen Seite wiederholen.

► Legen Sie nun beide Hände an den Rücken und klopfen Sie über die Außenseite der Beine abwärts bis zu den Fersen und dann über die Innenseite der Beine aufwärts.

► Ziel: Bessere Durchblutung, aktiviert die Muskeln, fördert die Konzentration.

2. WECKE DAS QI!

► Sie stehen aufrecht mit hüftbreit geöffneten Beinen und leicht gebeugten Knien. Atmen Sie ein und heben Sie dabei langsam Ihre Arme nach vorn an – bis auf Schulterhöhe. Die Handflächen zeigen dabei zum Körper. Atmen Sie nun aus – und lassen Sie dabei Ihre Arme wieder langsam nach unten absinken – die Handflächen zeigen nun vom Körper weg nach vorn. Die Ellbogen führen die Abwärtsbewegung an. Mit der nächsten Einatmung die Arme wieder anheben. 3- bis 8-mal.

► Ziel: Die Übung reguliert die Atmung, sorgt für neue Kraft und Energie.

3. DEN BALL HEBEN

► Stellen Sie sich aufrecht hin, die Beine sind hüftbreit geöffnet, die Knie leicht gebeugt. Mit der Einatmung den Oberkörper langsam nach links drehen und den rechten Arm bis auf Schulterhöhe nach links oben heben – so als würden Sie auf der Hand einen Ball balancieren. Den linken Arm an den Rücken legen, die Füße drehen sich automatisch mit nach links. 3- bis 8-mal. Dann Seitenwechsel.

► Ziel: Die Übung richtet den gesamten Körper auf und fördert die Koordination.

4. FLIEGEN WIE EINE WILDGANS

► Sie stehen aufrecht mit hüftbreit geöffneten Beinen. Führen Sie die Hände vor den Körper in Bauchnabelhöhe, mit den Fingerspitzen zueinander – die Handrücken zeigen zum Boden. Atmen Sie ein und heben Sie dabei beide Arme seitlich an, bis die Handrücken sich über dem Kopf fast berühren. Beim Ausatmen die Arme in einer kräftigen Bewegung senken.

► Ziel: Lösen von Verspannungen in Schultern und Armen.

5. BOGENSPANNEN

► Grätschstellung: Beim Einatmen Unterarme mit locker geschlossener Faust vor der Brust kreuzen. Beim Ausatmen den linken Arm langsam zur Seite führen. Zeige- und Mittelfinger abspreizen, nach links schauen. Den rechten Ellbogen auf Schulterhöhe zur Seite ziehen, so als wollten Sie einen Bogen spannen. Beim Einatmen die Unterarme vor der Brust kreuzen, mit der Ausatmung den Bogen zur anderen Seite spannen.

► Ziel: Die Übung dehnt, stärkt und entspannt den Oberkörper.

6. DER KRANICH

► Rückenlage, die Füße sind aufgestellt. Die Handflächen fest gegeneinander reiben, bis sie richtig warm sind. Nun die Hände rechts und links neben den Nabel auf den Bauch legen, dabei tief ein- und ausatmen. Bei der Ausatmung die Hände leicht gegen den Bauch drücken, bis auch die letzte Luft ganz ausgeatmet ist.

► Ziel: Die Übung aktiviert die inneren Organe und gibt schnell neue Energie.

Lebenslust tanken mit Energiefitness

Brauchen Sie einen Energiekick? Kein Problem: Stehen Sie auf, schwingen Sie die Arme in der Luft, lassen Sie die Hüften kreisen, trippeln Sie auf der Stelle! Was spüren Sie? Die Muskeln sind warm und gut durchblutet, die Gelenke aktiviert; der Kopf ist klar und frisch. Der Grund dafür ist einfach: Der Body ist darauf eingestellt, sich zu bewegen, und zwar täglich. Wenn er das nicht kann, macht er schlapp, der Geist wird träge, die Stimmung sinkt. Bewegung bringt ihn wieder in Schwung: Den Körper fordern, sich austoben und mit neuen Fitnesstrends experimentieren – das macht Spaß und setzt Kräfte frei.

Mit Walking locker einsteigen

Walking – kraftvolles, intensives Gehen – ist ideal für alle, die lange keinen Sport mehr getrieben haben und langsam, aber effektiv wieder in Bewegung kommen möchten. Mit Walking ist eine Menge für Gesundheit und Figur zu erreichen: Der Kreislauf kommt in Schwung, die Fettverbrennung wird angekurbelt, Oberschenkel und Po werden fester. Die richtige Technik ist leicht: Gehen Sie einfach schneller und raumgreifender als sonst. Die Arme anwinkeln und aktiv mitschwingen. Wichtig: Die Ferse aufsetzen und den Fuß über die ganze Sohle abrollen. Die Knie bleiben leicht gebeugt. Immer geradeaus schauen und darauf achten, dass die Schultern locker sind. Der Puls sollte nicht über 140 Schläge pro Minute ansteigen.
Beginnen Sie mit kurzen Walking-Phasen, viermal etwa sechs Minuten lang, dazwischen jeweils zwei Minuten locker spazieren gehen. Steigern Sie sich langsam auf 40 Minuten Walking. Vergessen Sie nicht, sich vor dem Walking aufzuwärmen und danach zu dehnen (Seite 48/49). Ein Training zweimal pro Woche ist ideal, öfter ist natürlich auch okay – aber niemals an zwei Tagen direkt hintereinander. Ein Tag Pause zwischendurch muss sein, damit Kreislauf und Muskeln sich erholen können.

Wellness-Jogging

Wer sich beim Walking unterfordert fühlt, beim Jogging aber aus der Puste kommt, kann es mit Wohlfühl-Jogging versuchen. Dabei wechseln Jogging- und Walking-Phasen einander ab. Der optimale Wohlfühlpuls liegt auch hier zwischen 110 und 140 Schlägen pro Minute – genau in dem Bereich, in dem viel Fett verbrannt wird. Es kommt nicht darauf an, eine festgelegte Strecke zu schaffen oder eine bestimmte Zeit zu laufen. Richtschnur ist allein ein gutes Körpergefühl bei mittlerer Belastung.

Energy-Workouts

Neben dem Laufen gibt es viele tolle Bewegungsideen, die Spaß machen und die Lebensgeister wecken. Zwei davon lernen Sie auf den folgenden Seiten kennen:

- **Salsa-Aerobic** (Seite 62) – der Fitnesstrend steht für heiße Latinorhythmen. Samba, Salsa, Merengue & Co. machen Lust auf Bewegung. Mit Salsa-Aerobic trainieren Sie Ausdauer, Beweglichkeit und Koordination. Das Tolle: Sie spüren die Anstrengung kaum.
- **Balancing** (Seite 64) – das sind Gleichgewichtsübungen, bei denen Sie bestimmte Positionen eine Zeit lang halten. Dies trainiert die Bewegungssicherheit, also das Zusammenspiel von Muskeln und Nervensystem. Balancing schult aber nicht nur das körperliche Gleichgewicht, es hilft auch im Alltag, die Balance zu halten: Bewegungen werden sicher, Reaktionen schneller, Stürze können verhindert oder abgefangen werden.

Der Kick durch Bewegung: Wer Freude am Rennen, Boxen und Tanzen hat, sprüht vor Energie und Lebenslust.

DEN PULS MESSEN

Ein spezielles Pulsmessgerät ist kein Muss – eine Uhr mit Sekundenzeiger reicht, um den Pulsschlag zu ermitteln. Zeige- und Mittelfinger liegen am Handgelenk, innen an der Daumenseite. Zehn Sekunden lang die Schläge zählen und den Wert mit sechs multiplizieren. Das Ergebnis ist der Pulsschlag pro Minute.

Salsa-Aerobic für mehr Schwung und Sinnlichkeit

Wer sich gern zu Musik bewegt, wird bei Salsa-Aerobic viel Spaß haben – und bekommt eine Menge neuen Schwung. Automatisch kreisen die Schultern, schwingen die Hüften. Im Unterschied zur klassischen Aerobic bleibt der Körper hier nicht statisch: Die Bewegungen gehen vom Körperzentrum, von Hüfte und Oberkörper, aus. Außerdem werden einzelne Körperteile isoliert bewegt, zum Beispiel die Schultern entgegengesetzt zur Hüfte. Weiche, fließende Bewegungen sind das Ergebnis.

► Dauer der Übungen: Nach Lust und Laune.

1

2

3

4

5

6

1. MERENGUE

► Auf der Stelle gehen. Lassen Sie die Knie gebeugt und bewegen Sie die Hüfte locker mit. Wenn der rechte Fuß aufgesetzt wird, geht gleichzeitig die Hüfte rechts etwas herunter. Auf der linken Seite ebenso. Die Füße rollen von der Spitze zur Ferse ab, die Arme bewegen sich locker mit.

► Wenn Sie den Grundschritt auf der Stelle geübt haben, gehen Sie ein paar Schritte vorwärts und wieder zurück.

2. CUCARACHA

► Setzen Sie die Fußspitzen im Wechsel seitlich auf und belasten Sie sie dort mit der Hälfte des Gewichts. Bewegen Sie die Hüfte schwungvoll mit. Beim Tipp nach rechts die rechte Hüfte vor, beim Tipp nach links die linke Hüfte mitnehmen.

► Auch der Kopf geht mit: Beim Rechtstipp den Kopf mit viel Power nach rechts wenden, beim Linkstipp genauso nach links. Die Arme folgen der Bewegung.

3. STEP TOUCH

► Machen Sie einen großen Schritt zur Seite und ziehen Sie den anderen Fuß heran. Wechsel zur anderen Seite, dabei schwungvoll die Hüfte einsetzen.

► Wenn Sie den Schritt drauf haben, die Arme hinzunehmen: Beim Step-Touch rechts den rechten Arm gebeugt nach oben nehmen und den linken in Hüfthöhe vor den Körper. Beim Step-Touch nach links ist der linke Arm oben und der rechte unten. Beim Tanzen den Oberkörper bewusst aufrichten.

4. MAMBO

► Setzen Sie den rechten Fuß vor und zurück, vor und zurück. Nehmen Sie die Hüfte mit und heben Sie die Arme beim Schritt nach vorn gekreuzt über Kopf nach oben. Beim Schritt zurück wieder sinken lassen. Wenn Sie den Mambo mit rechts können, auf links wechseln.

5. SAMBA JUMP

► Hüpfen Sie federnd nach vorn in den Grätschstand und wieder zurück in die Mitte. Knie und Hüfte bleiben locker. Die Arme mitnehmen: In der Grätsche die Arme nach oben strecken. Beim Sprung zurück den Oberkörper sinken lassen, die Arme herunternehmen.

6. HULA HOOPA

► Nehmen Sie die Arme locker über den Kopf nach oben und bewegen Sie Hüfte und Oberkörper so, als würden Sie einen Hula-Hoop-Reifen um die Taille schwingen. Probieren Sie diese Bewegung zunächst auf der Stelle aus. Wenn Sie sie können, drehen Sie sich dabei gleichzeitig um die eigene Achse.

Balancing – balancieren Sie sich aus!

Balancing setzt Energien frei. Denn neue oder ungewöhnliche Bewegungen fordern den Körper heraus und aktivieren den gesamten Organismus. Wenn Sie bei den Übungen kräftig herumwackeln, kämpft Ihr Körper um die Balance, jede kleine Gewichtsverlagerung muss ausgeglichen werden. Dabei arbeitet das Nervensystem auf Hochtouren. Gleichzeitig werden die wichtigsten Muskelfasern aktiviert und die aufrechte Haltung trainiert.

1

2

3

4

5

6

1. DER BAUM

► Im aufrechten Stand den linken Fuß an die rechte Wade stellen. Tief ein- und ausatmen. Die Hände auf Brusthöhe gegeneinander legen, Ellbogen zur Seite (Gebetshaltung). Stellen Sie sich vor, dass Sie – wie ein Baum – Ihre Wurzeln tief in die Erde wachsen lassen.

► Wenn Sie sicher stehen, die Arme in der Gebetshaltung über den Kopf führen. 20 Sekunden halten, dann Seitenwechsel.

► Ziel: Verbessern des Gleichgewichtssinns, Zur-Ruhe-Kommen.

2. SPITZENSTAND

► Die Beine sind weit geöffnet, die Knie gebeugt, die Fußspitzen zeigen nach außen. Die Hände liegen locker auf den Oberschenkeln, wobei sich die Knie über dem großen Zeh befinden. Der Rücken ist aufrecht, Po und Bauch sind fest angespannt. Heben Sie nun beide Fersen an, kurz oben halten – und wieder senken. Wiederholen Sie die Übung 12-mal.

► Ziel: Kräftigen von Gesäß- und Beinmuskulatur, Trainieren einer aufrechten Haltung.

3. DIE STANDWAAGE

► Stellen Sie sich auf das linke Bein und ziehen Sie das rechte Knie hoch zum Bauch. Nun das rechte Bein lang nach hinten ausstrecken, die Fußspitze dabei anziehen und beide Arme nach vorn strecken. Das rechte Knie wieder vorn hochziehen und die Arme sinken lassen. Und wieder strecken. Die Bewegung auf jeder Seite 12-mal wiederholen.

► Ziel: Verbessern des Gleichgewichtssinns, Kräftigung der Rückenmuskulatur.

4. DIE SCHWALBE

► Stellen Sie sich auf das rechte Bein und beugen Sie das Knie. Nun das linke Bein zur Seite anheben und gleichzeitig den rechten Arm schräg nach oben nehmen. Dabei tief ein- und ausatmen. Diese Stellung einige Minuten lang halten. Auf jeder Seite 12 Wiederholungen machen.

► Ziel: Verbessern des Gleichgewichtssinns, Kräftigen der Oberschenkelaußenseiten.

5. RÜCKENBALANCE

► Gehen Sie in den Vierfüßlerstand; den Bauchnabel einziehen. Strecken Sie dann das rechte Bein nach hinten aus, Fußspitze heranziehen. Heben Sie gleichzeitig den linken Arm und legen Sie die Fingerspitzen an das Ohr. Dabei zeigt der Ellbogen gerade zur Seite. Nun den Ellbogen langsam zum Boden bewegen – und wieder nach oben heben, 12 Wiederholungen. Dann Seitenwechsel.

► Ziel: Stärken von Gleichgewichtssinn und Rückenmuskulatur.

6. BAUCHDRUCK

► Bleiben Sie im Vierfüßlerstand. Heben Sie nun das rechte Knie und drücken Sie fest mit der linken Hand gegen das angehobene Knie. Das Bein setzt dem Druck der Hand einen Widerstand. Die Spannung etwa 5 Sekunden halten. Und noch einmal wiederholen. Dann Seitenwechsel. Atmen Sie dabei die ganze Zeit fließend weiter.

► Ziel: Kräftigung der Bauchmuskeln.

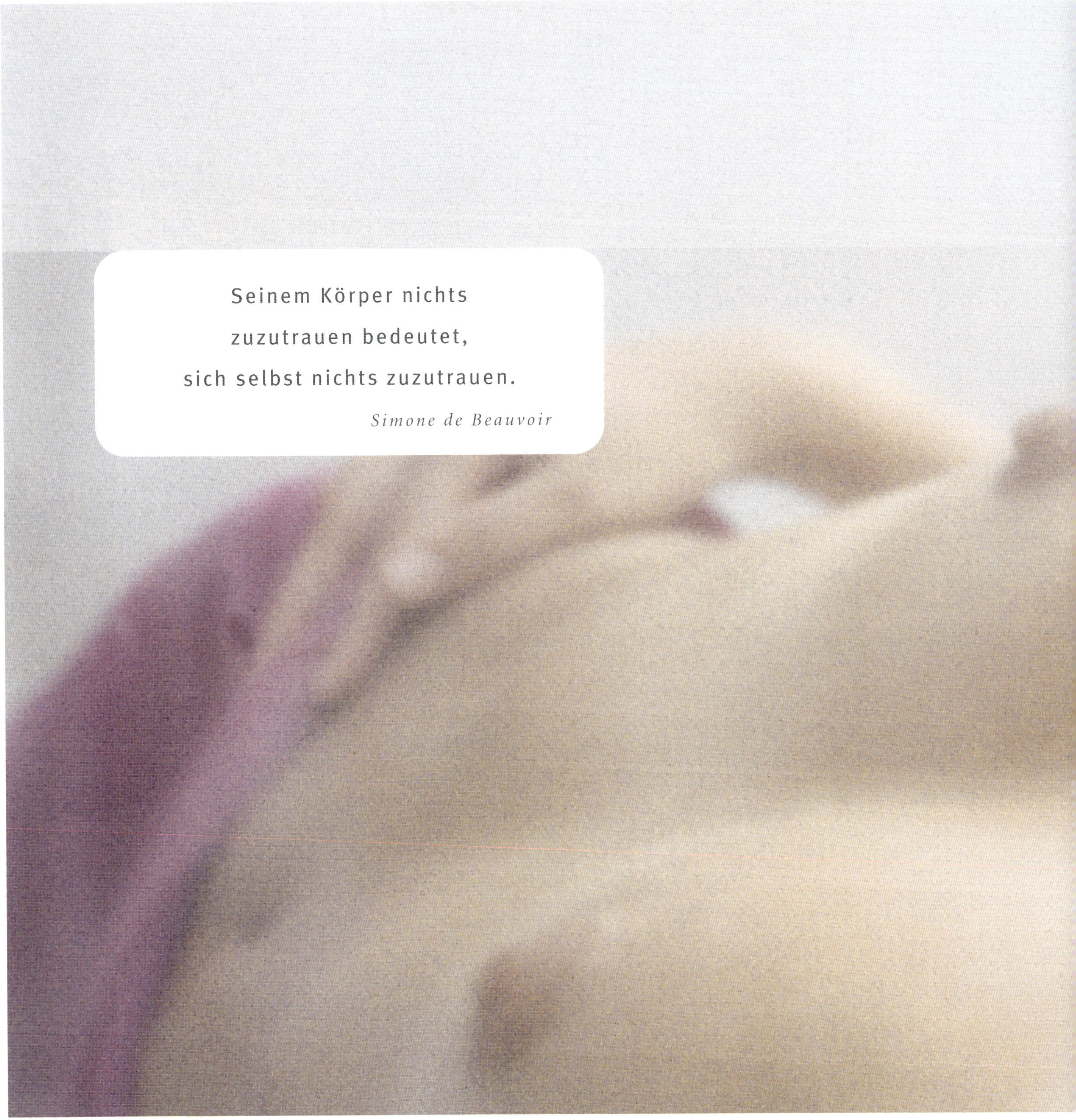

Seinem Körper nichts
zuzutrauen bedeutet,
sich selbst nichts zuzutrauen.

Simone de Beauvoir

Extras vom Spezialisten: Von Aqua-Fitness bis Spinning

Im Fitnesstrend und zudem super effektiv sind Aqua-Workouts (Sport im Wasser), Spinning (Radfahren in der Gruppe auf einem Standrad) und Personal Training (Fitness mit individueller Anleitung). Für diese drei sind gewisse Extras notwendig: sei es ein Schwimmbecken, ein Fitnessstudio oder ein Trainer beziehungsweise Therapeut, der die Programme begleitend unterstützt.

Aqua-Fitness – schonend und effektiv

Fitness im Wasser ist vielseitig, gesund und macht einfach Spaß, ob bei Aqua-Jogging, Aquarobic oder beim Watsu. Die Muskeln werden gelockert und gut durchblutet, man fühlt sich wunderbar entspannt und rundum wohl.

Großer Vorteil des Wassersports: Durch den Auftrieb ist der Körper im Nass fast schwerelos. Deswegen ist Aqua-Fitness besonders schonend für Wirbelsäule, Bänder, Gelenke und Sehnen. Trotzdem werden die Muskeln intensiv trainiert, denn das Wasser setzt den Bewegungen 60-mal mehr Widerstand entgegen als die Luft. Und: Aqua-Training wirkt kreislaufanregend. Durch den Wasserdruck wird verstärkt Blut aus den oberflächlichen Gefäßen in den Brustraum befördert – das Herz wird besser durchblutet, die Herzfrequenz sinkt, man atmet automatisch tiefer. Zusätzlich wirkt Wassersport wie eine Lymphdrainage – der Stoffwechsel wird angeregt, Cellulite an Po und Oberschenkeln abgebaut.

Für alle Aqua-Sportarten gilt:

- Nie allein im Wasser trainieren.
- Nie mit vollem Magen ins Wasser.

Trainieren und relaxen im Wasser

- **Aqua-Jogging:** Viele, die beim klassischen Joggen Probleme etwa mit den Gelenken haben, kommen im Wasser richtig gut auf Touren. Der natürliche Bewegungsablauf ist jedem sofort vertraut, denn die Lauftechnik unterscheidet sich kaum von der Bewegung an Land. Gelenkschonend werden Arm- und Beinmuskeln gekräftigt. Gelaufen werden kann sowohl in hüfttiefem Wasser als auch im Tiefwasser ohne Bodenkontakt. *Deep Water Running*, die Tiefwasservariante, praktiziert man mit Hilfe eines Auftriebgürtels.
- **Aquarobic:** Aerobic im Wasser – Ausdauertraining mit einfachen Schrittfolgen und häufigen Wiederholungen, unterstützt durch Musik. Der ganze Körper wird beansprucht und trainiert, die Fettverbrennung läuft auf Hochtouren.
- **Watsu:** Wasser-Shiatsu, kurz Watsu, ist die Wasserversion der japanischen Fingerdruckpunktmassage (Seite 148) und ein einmaliges Relax-Erlebnis. Eigentlich gehört Watsu damit eher zum Bereich Entspannung als zum Bereich Fitness. Bei den schwerelosen Bewegungen im körperwarmen Wasser lassen Hektik und Stress nach, sind alle Sorgen sofort vergessen. Die Hände des Therapeuten wiegen den Körper in fließenden, schaukelnden und kreisenden Rhythmen. Er bewegt Gelenke, zieht Muskeln sanft auseinander und drückt bestimmte Akupressurpunkte an der Wirbelsäule

Fit wie ein Fisch im Wasser – durch Aquarobic und Watsu. Landratten powern sich beim Spinning aus oder lassen sich vom Personal Trainer individuell motivieren.

und den Gelenken. Sie müssen nur eines tun: sich treiben lassen und genießen.

Spinning

Spinning, Indoor-Cycling, Power-Racing – mit allen Begriffen ist dasselbe gemeint: Radfahren in der Gruppe, zu Musik und unter der Anleitung eines Trainers. Man fährt auf speziellen Standrädern, deren Tretwiderstand eingestellt werden kann, mal richtig schwer wie beim Bergauffahren, dann wieder ganz leicht. Typisch sind sehr hohe Trittfrequenzen.

Spinning ist ein Power-Sport. Der Schweiß rinnt in Strömen, Herz und Kreislauf sind stark gefordert. So ist Spinning der ideale Stressausgleich. Aber Vorsicht: Der Trendsport ist nur trainierten Fitnessfans zu empfehlen. Einsteiger sollten sich für eine andere Sportart entscheiden.

Personal Training

Personal Training – das ist Fitness unter vier Augen. Ein privater Coach bietet intensive, persönliche Betreuung und individuell zugeschnittene Fitnessprogramme. Egal ob beim Walking, Jogging, Bodyforming oder Squashen – der Coach begleitet, gibt Hinweise zum richtigen Üben und weist auf Fehler hin: Beim Joggen die Füße richtig abrollen! Rücken gerade bei der Stretching-Übung! Damit kann negativen gesundheitlichen Folgen falschen Trainings vorgebeugt werden. Ein weiteres Plus: Egal, ob morgens um halb sechs vor dem Job oder abends nach dem letzten Meeting – der Coach kommt, wann es Ihnen passt, und nicht umgekehrt.

Die 10 Gebote für Aktionskünstler

1 Keine Zeit für Fitness?

Wieder mal keine Zeit fürs Training gehabt? Dann liegen vielleicht die Prioritäten falsch. Und die setzt man in seinem Leben schließlich selbst. Die Rechnung ist jedenfalls einfach: Wer zwei- bis dreimal die Woche 30 bis 60 Minuten investiert, bekommt dafür eine Menge: einen strafferen Körper und eine bessere Haltung, mehr Schwung und Lebenslust.

2 Das Wohlfühlpensum

Sporteinsteiger sollten in den ersten beiden Wochen nicht öfter als zweimal pro Woche trainieren, danach können sie das Pensum auf drei Einheiten pro Woche steigern. Der Körper muss sich langsam an die Belastung gewöhnen. Und: Trainings- und Erholungstage sollten sich abwechseln; also nicht an zwei Tagen hintereinander trainieren, sonst machen die Muskeln schneller schlapp. Nach etwa acht Wochen hat sich der Körper an den Sport gewöhnt. Dann können Sie häufiger trainieren. Muss aber nicht sein! Zwei- bis dreimal wöchentlich 30 bis 60 Minuten Fitnesstraining reichen völlig aus.

3 Muskeln sanft trainieren

Bodystyling funktioniert am besten, wenn die Muskeln mit mittlerer Intensität, dafür aber mit vielen Wiederholungen gestärkt werden. Wichtig ist es, regelmäßig bei mittelschwerer Belastung zu trainieren. Dann nimmt der Körperfettanteil ab und der Umfang an den Problemzonen verringert sich. Anfangs zweimal 15 Wiederholungen machen, später auf drei- bis viermal 15 Wiederholungen steigern.

4 Die richtige Wellenlänge

Kontrollieren Sie während des Trainings öfter Ihren Puls! Der Wohlfühlpuls (Herz und Kreislauf werden gestärkt) liegt zwischen 110 und 140 Schlägen pro Minute.

5 Öfter mal was Neues

Probieren Sie ab und zu neue Übungen, neue Sportarten aus. Das motiviert und fordert heraus. Vielleicht entdecken Sie neue Seiten an sich. Sie spüren Muskeln, von deren Existenz Sie bisher nichts geahnt haben, entdecken Freude an Latinotänzen, Wassersport oder am Walking.

Body Talk

Konzentrieren Sie sich während des Trainings auf Ihren Körper, denn er signalisiert Ihnen, welche Bewegung gut für ihn ist und welche nicht. Sie trainieren richtig, wenn Sie sich rundum wohl fühlen, etwas schneller, aber gleichmäßig atmen und wenn Ihre Bewegungen sicher und präzise sind. Wer sich zu viel zumutet, wird während des Trainings rasch unkonzentriert, atmet unregelmäßig oder bekommt Schmerzen in Muskeln und Gelenken.

Viel Trinken

Wer Sport treibt, muss viel trinken, um fit, leistungsfähig und konzentriert zu sein. Nicht mit dem Trinken warten, bis Sie durstig sind! Dann fehlt dem Körper bereits Flüssigkeit, und das führt schnell zu ersten kleinen Leistungsbeeinträchtigungen. Freizeit- und Gesundheitssportler brauchen keine teuren Spezialdrinks: Einfach nur magnesiumreiches Mineralwasser mit Apfel- oder Orangensaft im Verhältnis drei zu eins mischen – das erfrischt und versorgt den Body mit allen notwendigen Mineralstoffen.

Let the music play

Musik hilft aus dem Fitnessmotivationsloch heraus. Schwungvolle Rhythmen steigern die Lust auf Bewegung. Bei Yoga, Stretching oder Atemübungen unterstützt ruhige Musik die Konzentration auf den eigenen Körper.

Gemeinsam stark

Suchen Sie sich einen Sportpartner! Gemeinsam macht es mehr Spaß und kleine Motivationstiefs sind leichter zu überwinden. Der andere wartet schließlich auf Sie.

Dabeibleiben ist alles

Sie haben längere Zeit keinen Sport getrieben und jetzt zieht und zwickt es schon nach den ersten Übungen? Keine Sorge – das ist normal. Muskeln und Gelenke müssen sich erst an die Bewegung gewöhnen. Sollten Sie allerdings starke Schmerzen haben, sofort mit dem Training aufhören und vom Arzt durchchecken lassen.

WellBeauty

Schön von Kopf bis Fuß

Strahlender Teint, glänzendes Haar, eine tolle Ausstrahlung – das Wellness-Universum steckt voller Möglichkeiten, mehr aus sich zu machen. Lassen Sie sich entführen in eine Verwöhnwelt für Seele und Sinne, für Haut und Haar!

Öl und Meersalz vermischen sich zu einem nährenden Schönheitscocktail.

Ein Peeling mit Meersalz klärt das Hautbild.

Straffe Haut mit Thalasso & Co.

Thalasso-Behandlungen – sie wurden im 19. Jahrhundert an der französischen Atlantikküste entwickelt, damals sprach man noch schlicht von Badekuren – sind das Schönheitsgeheimnis der Französinnen: *Le Schlick, c'est chic*, wissen nicht nur Prominente wie Cathérine Deneuve, die auf Thalasso schwören. Anwendungen aus der Thalasso-Therapie (griech. *thalassa* = Meer) entschlacken und entstressen und sie schenken eine unvergleichlich straffe und pralle Haut. Kurzum: Neptuns Nährstoffe wie Meerwasser und Meersalz, Plankton, Algen, Tang, Schlamm und Schlick verjüngen und versorgen den Körper optimal.

Dass die Kuranwendungen so effektiv sind, hat Gründe: Zum einen hilft das schwerelose Tummeln im warmen Meerwasser, Anspannungen loszuwerden und somit auch den Tonus (Spannungszustand) der Haut zu verbessern. Zum andern ist das salzige Nass in Zusammensetzung und Gehalt an Nähr- und Mineralstoffen dem menschlichen Blutplasma ähnlich, weshalb diese Substanzen über die Haut ausgetauscht werden können. Der Effekt: Straffung, Zartheit, Abbau von Cellulite. Wichtig ist, dass die Anwendungen nicht länger als 20 Minuten dauern, weil sie für den Körper ziemlich anstrengend sind. Eine abschließende Ruhephase intensiviert den Wirkeffekt.

Thalasso-Anwendungen für zu Hause

Es muss nicht gleich das Profi-Pampering in einem authentischen Thalasso-Zentrum sein, wenn Sie vom Nixennutzen ozeanischer Wohltaten profitieren möchten. Viele Einzeltreatments wie Bäder, Packungen und Peelings können Sie auch leicht zu Hause anwenden.

Meersalz: Beauty-Elixier weißes Gold

Meersalz ist die Lösung bei allen Hautproblemen – von Akne bis zur zart besaiteten, trockenen Haut. Salz lässt die Haut aufquellen, wodurch sich Verhornungen und Unreinheiten leichter lösen. Zugleich wird Feuchtigkeit aus tieferen Gewebeschichten nach oben gezogen, sodass das Hautbild danach rosig frisch und durchfeuchtet aussieht.

Salzpeeling für eine klare Haut

Eine Hand voll weißes Gold ist der erste Schritt zum Strahlen, denn ein Peeling verfeinert das Hautbild.

► **Unreine Haut:** Einfach den angefeuchteten Körper mit Salz abreiben und danach abspülen. Sie können dafür Totes-Meer-Salz aus dem Supermarkt verwenden (gut und günstig, ein Kilogramm Salz für etwa zwei Euro).

► **Trockene Haut:** Sie bekommt einen Cocktail aus Totem-Meer-Salz und Öl (zum Beispiel süßes Mandelöl). So viel Öl mit Salz vermischen, dass die Masse in etwa die Konsistenz von Kindermatsche hat.

► Wer nicht selbst anrühren will, findet Fertigprodukte (Salzpeeling) von verschiedenen Firmen.

Vitalisierende Salzbäder

► **Salz, Rosmarin und Minze:** Ein Geheimtipp für Sportlerinnen ist ein Bad mit Salz aus dem Toten Meer, Rosmarin und Minze; es durchblutet und vertreibt Muskelkater. Totes-Meer-Salz (in Supermarkt, Reformhaus, Apotheke, nur zwei Euro pro Kilo!) enthält besonders viel Magnesium (wichtig für Nerven und Muskulatur), Kalium (reguliert die Energieproduktion) und Kalzium (gut für die Knochen). Geben Sie ein Kilo Salz, je eine Hand voll frischen Rosmarin und frische Minze in ein Säckchen und hängen dieses zugebunden ins Badewasser.

► **Kristallsalze aus dem Himalaja:** Kristallsalze sind der Hit in der alternativen Luxus-Beauty-Szene (im Reformhaus erhältlich, etwa 20 Euro pro Kilo). Die beim Austrocknen der Urmeere entstandenen Kristallsalze sind weitgehend von Schadstoffen unbelastet und gelten bei Naturheilkundlern als Jungbrunnen. Auch hier gilt: ein Kilo Salz pro Wanne, nicht zu lange baden und danach 20 Minuten ausruhen.

Algen: So geht's glatt

Der Gipfel ozeanischer Genüsse sind Algen. Sie enthalten Dutzende von Vitalstoffen, sind die Power-Pakete für die Schönheit schlechthin. Ein Kilo Algen beinhaltet die Wirkstoffe von 100 000 Litern Meerwasser! Algen stimulieren die Zellerneuerung und verzögern die Hautalterung. In der Kosmetikindustrie werden rund 50 verschiedene Algensorten eingesetzt – die besten für die folgenden Rezepte finden Sie im Reformhaus.

► **Algenmaske zur Reinigung und Straffung:** Als Anti-Aging-Packung, zur Hautstraffung und Verfeinerung des Hautbilds hat sich folgende Maske bewährt: 1 Messerspitze Agar-Agar-Pulver (das ist ein Polysaccharid aus Rotalgen; im Reformhaus), 1 Eigelb, 1 Teelöffel Honig miteinander verrühren. Die Paste auf Hals und Dekolleté auftragen, zehn Minuten einwirken lassen, dann abspülen.

► **Algenmaske bei unreiner Haut:** Bei unreiner Haut (zum Beispiel am Rücken) hilft pulverisierte Braunalge. 1 Teelöffel Braunalge wird mit 1 Teelöffel Heilerde, 2 Tropfen Teebaumöl und so viel lauwarmem Wasser angerührt, dass sich ein Brei ergibt. Die Masse auftragen und nach etwa fünf Minuten Einwirkzeit abspülen. Ideal ist es, die Maske dreimal wöchentlich aufzutragen.

► **Algenwrap gegen Cellulite:** Als kraftvolle Unterstützung gegen Cellulite kommt ein Algenwickel zum Einsatz: Eine größere Tüte Algenpulver mit Wasser anrühren, die Paste auf Schenkel, Po und andere strategisch wichtige Stellen pinseln und alles mit Plastikfolie (normale Frischhaltefolie aus dem Supermarkt) einwickeln. 45 Minuten einwirken lassen, abspülen. Als generalstabsmäßige Offensive dreimal wöchentlich über vier Wochen anwenden, am besten immer nach dem Sport.

Nährende Ölcocktails für die Haut

Manchmal verhalten sie sich wie launische Geliebte: Wasser und Öl. Normalerweise stoßen sie sich ab. Doch unter bestimmten energetischen Bedingungen verbinden sie sich zu einem einzigartigen Neuen. Wie in der Liebe – alles eine Frage der Chemie. Beim Mischen von Wasser und Ölen entstehen leichte Lotionen, softe Emulsionen, sahnige Cremes und – je nach Zutaten – kostbare Cocktails für die Haut. Denn: Fett braucht die Haut genauso notwendig zu ihrem Schutz wie Feuchtigkeit. Wie viel, hängt vom Hauttyp ab, von Jahreszeit und Alter.
Wer keine fertigen Körpercremes oder Lotionen benutzen möchte, kann mit verschiedenen Ölen experimentieren. Nach einem Peeling und/oder einer Trockenbürstenmassage – in Schweden und Japan gehören sie übrigens zum täglichen Schönheitsritual – ist die Haut aufnahmebereit für köstliche Verwöhnpflege. Nähren, päppeln und verzärteln Sie sie!

Kleine Ölkunde – welches Öl für welchen Zweck?

Kaltgepresste pflanzliche Öle haben spezielle Schönheit gebende Eigenschaften. Man verwendet sie als Trägeröle für Aromaölmischungen, da Aromaöle (so genannte essentielle Öle) zu stark sind, um sie direkt in die Haut einzumassieren. Als Grundregel gilt: Fünf Tropfen Aromaöle auf zehn Milliliter Basisöl – oder Basisöl pur! Pflanzliche Öle sind circa sechs Monate haltbar und sollten lichtgeschützt in dunklen Fläschchen aufbewahrt werden. Die meisten Ölsorten bekommen Sie im Supermarkt oder in den Lebensmittelabteilungen großer Kaufhäuser sowie im Reformhaus.

- **Avocadoöl** ist extrem reichhaltig und voll geballter Vitaminpower. Es wird benutzt, wenn man ein Öl von samtartiger Konsistenz, etwa für Gesicht oder Dekolleté kreieren möchte, und ist optimal bei trockener Luft.
- **Jojobaöl** ist natürliches Wachs von hochfeiner Konsistenz aus den Blättern des Jojobastrauchs. Es hinterlässt keinen klebrigen Film. Hervorragend als Haarkur.
- **Kokosnussöl** duftet exotisch und möchte am liebsten pur auf die Haut. Das satte, dicke Öl ist für Peelings (mit Salz) und Packungen (nährende Haarmasken) geeignet.
- **Macadamiaöl** ist für die Körperpflege so gut, weil seine Säuren denen des hauteigenen Sebums (Talg) gleichen. Es durchfeuchtet und nährt trockene, reife Haut.
- **Mandelöl** hat einen sanften, flüchtigen Eigengeruch, ist zart, reich an Proteinen und Vitaminen. Seine nährende, leichte und weich machende Konsistenz eignet sich bestens bei rauen Händen und empfindlicher Haut. Außerdem ist es das perfekte Massagemittel (zieht gut ein).
- **Olivenöl** ist reich an Proteinen und Vitaminen. Wegen des starken Eigenaromas sollte man es mit anderen Ölen mischen. Weil Olivenöl angenehm wärmt, ist es gut für Massagen bei kalter Witterung und Muskelschmerzen.
- **Sesamöl** ist ein Universalgenie. Es beruhigt, glättet und strafft die Haut und ist als Pflege bestens auch bei normaler oder fettiger Haut geeignet. Außerdem duftet man wie ein Glückskeks.
- **Traubenkernöl** ist so leicht, dass es von der Haut sofort absorbiert werden kann, und hinterlässt einen Satinschimmer. Mit Aromaölen vermischt, entfalten diese ihre Wirkung doppelt: über Nase und Haut.
- **Weizenkeimöl**, reichhaltig und Vitamin-E-gedopt, ist bestens für die Pflege reifer Haut. Es stabilisiert andere Öle, die dadurch länger haltbar werden.

TIPP

GUTE-NACHT-MASSAGEN MIT SESAMÖL

- **Bauchmassage** – entspannend und entstressend: Mit dem angewärmten Sesamöl 36-mal den Bauch jeweils mit der rechten und mit der linken Hand im Uhrzeigersinn reiben.
- **Fußmassage:** Abends die Füße mit Sesamöl massieren, Wollsocken überziehen und dann selig einschlafen.

Öl ist die Basis für Lotionen, Emulsionen und Cremes. Mit verschiedenen Trägerölen lässt sich eine individuelle Verwöhnpflege mischen.

1

2

Bellissima! Italienische Rezepte für den Teint

»Schönheit – das ist ein Teil Physiologie, ein Teil Psychologie und ein Teil Philosophie«, soll Sophia Loren einmal gesagt haben. Ein Produkt, das alle drei Bedingungen erfüllt und schon im antiken Rom als Klassiker der Hautpflege galt, ist Olivenöl. Nicht nur, dass es in seiner Struktur dem Hautfett ähnelt; neue wissenschaftliche Untersuchungen bestätigen, dass Olivenöl auch ein hochwirksames Antioxidans ist und vor Sonnenschäden schützt. Weitere italienische Schönheitsmittel: Traubenkernöl und Fango mit Öl.

Klassiker der Römerinnen – nährende Gesichtscreme mit Olivenöl

Kaltgepresstes Olivenöl aus der ersten Pressung *(extra vergine)* enthält genügend Vitamine und Bitterstoffe, um Sonnenradikale unschädlich zu machen, ist allerdings kein Ersatz für Sonnenschutzmittel. Eine Allround-Creme, die das Bindegewebe stützt und so vor vorzeitiger Erschlaffung schützt, kann man nach folgendem Rezept leicht selbst herstellen. Die Zutaten sind in Apotheke oder Reformhaus, zum Teil auch in italienischen Feinkostläden erhältlich.

► **Das brauchen Sie:**

1 EL Vitamin-E-Öl
2 EL Olivenöl
1 EL Avocadoöl
1/2 TL Weizenkeimöl
1 TL flüssiges Lecithin
1 EL Bienenwachs
1/4 TL Natriumhydrogenkarbonat
1/2 Tasse Wasser

► **So wird's gemacht:**

Hydrogenkarbonat und Wasser bis kurz vor dem Siedepunkt erhitzen, im Wasserbad die Ölemischung und alle restlichen Zutaten getrennt schmelzen. Sodann die Öle aus dem Wasserbad nehmen und mit dem Schneebesen die Wasserlösung darunter mischen. Leicht abgekühlt in Dosen abfüllen. Als Tages- und als Nachtcreme geeignet.

3

1. Einfach und effektiv: eine Maske aus Traubenkernöl und Naturjoghurt. Die Haut wird glatter und straffer, wirkt insgesamt frischer.

2. Kaltgepresstes Olivenöl, reich an Proteinen und Vitaminen, ist seit Jahrhunderten der Klassiker der Hautpflege und Basis einer nährenden Gesichtscreme.

3. Eine Maske aus Heilschlamm verwöhnt die Haut und reinigt sie porentief. Bei Mischhaut auf die T-Zone auftragen.

Ein Prosit auf mehr Feuchtigkeit – Gesichtsmaske mit Traubenkernöl

Chianti soll der Schönheit von innen dienlich sein, von außen tut's Traubenkernöl. Das besonders feine Öl wirkt glättend und straffend, da es die Haut belebt und gut durchfeuchtet. Außerdem hinterlässt Traubenkernöl einen feinen Schimmer auf der Haut. Folgende ganz leicht herzustellende Gesichtsmaske wirkt – einmal pro Woche aufgelegt – wahre Wunder:

► **Das brauchen Sie:**

1 EL Traubenkernöl

2 EL Naturjoghurt

► **So wird's gemacht:**

Das Öl mit dem Joghurt mischen, die Creme auf Gesicht und Hals auftragen. 15 Minuten einwirken lassen und dann mit lauwarmem Wasser abwaschen.

Muntermacher – klärende Gesichtsmaske mit Fango und Mandelöl

Fango, aufbereitet aus Heilschlamm und Thermalwasser und bei Sonnenlicht und Luft zur Reife gebracht, ist eines der wirksamsten Schönheitsmittel. Der Nobelmatsch wird auch als lebender Schlamm bezeichnet, da darin Minialgen enthalten sind. Fango bekommen Sie rein im Reformhaus oder als Fertigprodukt in Parfumerien. Fango (als Fertigprodukt auch für sensible Haut geeignet) durchblutet und verfeinert die Poren. Die Heilerde saugt Schmutz, Talg und Hornschüppchen auf und gibt Mineralien an die Haut ab. Gestresste Haut – etwa durch Sonne und zu viele Genussgifte wie Nikotin und Alkohol – verwöhnt man mit einer Maske zum Selbermachen:

► **Das brauchen Sie:**

3 EL Heilerde (Fango)

1 Schuss heißes Wasser

1 TL Kamillenöl

5 Tropfen Zitronensaft

► **So wird's gemacht:**

Alle Zutaten miteinander verrühren. Bei Mischhaut die Masse auf die T-Zone auftragen. Bei trockener Haut einen Schuss Oliven- oder süßes Mandelöl dazugeben. Die Maske 15 Minuten einwirken lassen und dann mit lauwarmem Wasser gründlich abspülen.

Schätze Asiens für volles, gesundes Haar

Glänzend wie kostbare Lackarbeiten, dick und trotzdem geschmeidig wie biegsamer Bambus – asiatische Frauen kennen viele Pflegetricks für fülliges und gesundes Haar, von denen wir profitieren können. Ob wilder Ingwer, Ginkgo oder Aprikosenkernöl, die man neuerdings auch bei uns in Haarpflegeprodukten mehr und mehr findet, Zusätze japanischen oder chinesischen Ursprungs wirken nur dann entsprechend gut, wenn man das Haar typgerecht behandelt. Will heißen: bei fettigem, trockenem, chemisch behandeltem etc. Haar passende Pflegeserien benutzen. Und auf die asiatischen Inhaltsstoffe achten.

Bambus lässt Haare glänzen

Bambusessenz steckt nicht nur in Trendparfums und Cremes, sondern auch in zahlreichen Shampoos und Spülungen. Der wässrige Sprossenextrakt bindet viel Feuchtigkeit und glättet die äußere Schuppenschicht der Haare. So glänzen sie wie gelackt, weil das Licht bei glattem Haar besser reflektiert wird als bei aufgerautem Haar. Bambus enthält Aminosäuren, Vitamin C und B, reichlich Polysaccharide (Vielfachzucker, Stärke) und Milchsäure, die ähnlich wie die althergebrachte Zitronenspülung wirkt: Saures schließt die Schuppenschicht.

Bambus-Haarmaske für Experimentierfreudige

Zwei Hand voll frische Bambussprossen (aus dem Asialaden) pürieren und zehn Minuten als Haarmaske auftragen. Danach mit lauwarmem Wasser ausspülen. Die Kieselsäure in den Bambussprossen lässt Ihre Haare glänzen.

Multitalent Sesamöl

Sesamöl parfumiert nicht nur leckere Wok-Gerichte, sondern ist ein Multitalent für vielerlei Haarprobleme: Als Packung hilft es bei Schuppen, es kräftigt die Haarwurzeln und wirkt Haarausfall sowie vorzeitigem Ergrauen entgegen. Ganz nebenbei macht es das Haar seidenweich und glänzend.

Sesamöl medizinieren

Man kann Sesamöl leicht selbst herstellen und anwenden (zu bekommen im Asialaden, Reformhaus, Lebensmittelladen). Dazu Sesamöl einmal auf 100 Grad Celsius erhitzen und das so medizinierte Produkt in dunkle Flaschen abfüllen, da es sonst schnell ranzig wird.

Reichhaltige Pflegepackung

Es geht ganz einfach: Das medizinierte Sesamöl großzügig in die Kopfhaut und bis in die Haarspitzen einmassieren und über Nacht einwirken lassen (Achtung: Handtuch aufs Kopfkissen legen, damit die Bettwäsche nicht leidet). Am Morgen mit mildem Shampoo auswaschen. Der Trick: Shampoo zunächst ins trockene (!) Haar verteilen, damit sich das Öl besser herauslöst, dann erst wässern und shampoonieren.

Dichtes Haar dank Ginkgo Biloba

Die Pflanze ist als Heil- und Stärkungsmittel bekannt und inspirierte sogar Goethe, ihr ein Gedicht zu widmen:

Schönes, gesundes Haar dank asiatischer Inhaltsstoffe wie zum Beispiel Sesamöl: Das Universalgenie unter den Ölen hilft bei vielerlei Haarproblemen und duftet herrlich.

Ginkgo Biloba. Der Extrakt aus den Blättern des Ginkgobaumes schützt in Cremes nicht nur die Haut vor vorzeitiger Alterung, sondern wird auch Shampoos und Stylingprodukten zugesetzt. Denn Ginkgo stärkt die Kopfhaut, regt die Mikrozirkulation an und soll – als Ampullenkur (Parfumerie) – Haarausfall vorbeugen.

Ingwer schenkt Volumen und Glanz

Als Gewürz ist Ingwer bekannt; weniger bekannt ist seine heilende und schönheitsfördernde Wirkung. Frisch gerieben hilft die Wurzel bei Reisekrankheit, in heißem Wasser als Beauty- und Fitnessdrink, der Verdauung und Stoffwechsel anregt (ein bis zwei Zentimeter der Wurzel auf einen Liter, einmal aufkochen lassen). Und in Shampoos und Stylingprodukten wie Spray gibt der Pflanzensaft dem Haar Feuchtigkeit, macht es leicht kämmbar, verleiht ihm Volumen und Glanz. In Haarprodukten wird meist Awapuhi, eine wilde Ingwerart, eingesetzt, der besonders hohe Heilkräfte nachgesagt werden.

Soja – Pflege von innen

»Die Qualität der Haare hängt von der Fruchtbarkeit des Bodens ab, auf dem sie wachsen«, sagt eine asiatische Weisheit. Neuzeitliche Übersetzung: Das Haar braucht nicht nur von außen Pflege, sondern auch Nahrung von innen. Und dafür ist Soja einer der besten Dünger. Wegen seiner den Alterungsprozess bremsenden und verschönernden Wirkung wird Soja vermehrt in Medikamenten und Cremes eingesetzt. Seine Aminosäuren regen die Wachstumshormone im Körper an.

TIPP

IM SOJA-TREND: EDAMAME

Edamame ist der schickste sojahaltige Snack seit Brokkoli- und Alfalfasprossen! Sie bekommen ihn in gut sortierten Asialäden. Die Edamameschoten werden wie Erbsen einfach in Gemüsebrühe gekocht, die Bohnen anschließend herausgepult und gegessen. Positiv: Die Schönheitsschote pflegt nicht nur Haut und Haare, sondern ist auch noch kalorienarm!

Außerdem ist Soja reich an Phytoöstrogenen, einem pflanzlichen Östrogen. Die hormonähnliche Substanz stimuliert das Wachstum der Haare ebenso wie die Elastizität der Haut. Bereits 25 Gramm Soja pro Tag genügen, um innerhalb kurzer Zeit eine sichtbare Wirkung zu erzielen – egal ob sie als Sojamilch, -joghurt, -tofu oder -proteinriegel genossen werden.

Tropen-Spirit für Hände und Füße

Wer gern mit Händen und Füßen redet, sollte deren Sprache beherrschen: Schönheit. Balinesische Tempeltänzerinnen haben darin eine besondere Grazie entwickelt. Wir müssen uns erst langsam zu sinnlichen Händen und Füßen vortasten – mit den besten tropischen Rezepten.

Die Kraft der Papaya

Der *Papaya Body Polish* ist ein Klassiker in balinesischen Spas. Dahinter verbirgt sich pürierte Papaya, die man auf den Körper aufträgt, diesen dann mit Plastikfolie abdeckt und darunter 20 Minuten schwitzt. Das Ergebnis nach dem Abspülen ist eine himmlisch weiche Haut. Das Geheimnis: Papaya enthält das Enzym Papain, das die Haut glättet und revitalisiert. Das Enzym arbeitet ähnlich wie Fruchtsäuren, die Hornschüppchen entfernen, ohne die Haut zu irritieren. Kleine Fältchen und Sonnenflecken verschwinden nach und nach – auch an den Händen.

Handmaske mit Papaya

Für die Handmaske benötigen Sie eine kleine reife (!) Papaya. Das Fruchtfleisch herauslösen, pürieren, auf Hände und Unterarme inklusive Ellbogen auftragen und mit Frischhaltefolie umwickeln. 20 Minuten einwirken lassen, dann abspülen und eine reichhaltige Creme einmassieren. Wer will, lässt eine Extraportion Papayamus über Nacht einwirken; für den Anti-Schmier-Effekt gibt es im Kosmetikfachgeschäft spezielle Baumwollhandschuhe.

Pflege für Füße zum Niederknien

Damit Ihnen die Männer reihenweise zu Füßen liegen, sollten Sie in Sachen Pflege auf luxuriösem Fuße leben.

1

Ein Königinnenverwöhnprogramm ist angesagt. Der Masterplan: Fußbad, Peeling, Maske, Pflege und Schmuck. In Bali haben Mitglieder höherer Kasten immer eine Schale mit frischen Blüten, ein paar Tropfen Eukalyptusöl und Wasser im Schlafzimmer. Abends nimmt man ein rituelles Fußbad zu Ehren des hinduistischen Gottes Sang Hyang Widhi, der für die Balance im Leben zuständig ist.

Balinesischer Blütenzauber

► Die Variante für ein **Fußbad** zu Hause: Je drei Tropfen Thymian, Vetiver und Salbei (Reformhaus, Esoterikshop) mit nicht zu heißem Wasser in eine Schüssel geben. Echte Blüten sind optional, aber natürlich viel prinzessinnenhafter. Es eignen sich frische Rosen-, Hibiskus- oder Veilchenblüten. Nach 10 bis 15 Minuten Plätscher- und Ein-

2

1. Sinnliche Hände und Füße mit Hilfe tropischer Früchte: Das pürierte Fleisch der reifen Papaya – bei unreifen Papaya ist die Säure zu stark – macht empfindliche Haut an den Händen weich und glatt.

2. Eine reichhaltige Maske aus dem Fruchtfleisch der Avocado gehört zum Verwöhnprogramm für gepflegte Füße.

weichzeit die Hornstellen an Fersen und Ballen mit einem Bimsstein abrubbeln; danach die Füße trocken tupfen.

► Bei besonders hartnäckigen Verhornungen bewährt sich ein **Sandpeeling:** Feinen Sand (vom Urlaubsstrand oder aus dem Baumarkt) mit Pflanzenöl (Jojoba-, Oliven- oder Mandelöl) zu einem dicken Brei mischen, ein paar Tropfen Pfefferminz- und/oder Rosmarinöl hinzufügen und mit der erfrischenden Mischung hartleibige Stellen abrubbeln.

Javanesische Verwöhnstoffe – reichhaltige Fußmasken

Avocado und Aloe Vera sind die nährenden und feuchtigkeitsspendenden Hits auf der Liste javanesischer Küchenkosmetik.

► **Fußmaske mit Avocado:** Einfach, aber effektiv – eine reife (!) Avocado zerdrücken, die Füße mit dem Fruchtfleisch einreiben und das Ganze 15 Minuten als Fußmaske einziehen lassen, danach abspülen. Oft bekommt man nur unreife, feste Avocados. Tipp: Wickeln Sie die Früchte zum Nachreifen in Zeitungspapier.

► **Fußmaske mit Aloe Vera:** Eine halbe Tasse frisches Mus oder gekauftes Gel (Reformhaus, Esoterikshop oder bei Aloe-Vera-Vertreterinnen) in die Füße massieren, diese mit ein paar Spritzern Lavendelöl benetzen und mit Bananenblättern (gibt's im Asialaden) umwickeln. Wer keinen Asialaden in der Nähe hat, kann auch simple Frischhaltefolie benutzen. Nach 20 Minuten in warmem Wasser abspülen, dem man ein paar Spritzer frischen Zitronensaft und Lavendelöl zugegeben hat.

Aromatherapie – der Duft der Schönheit

Aromaöle sind die feinen Verführer unter den Beauty-Elixieren: Der Duft ätherischer Öle – gewonnen werden sie aus Wurzeln, Blüten, Blättern, Gräsern, Samen oder Holz – zielt direkt auf das Nervensystem und damit auch auf die Psyche. Aromen können Glücksgefühle auslösen oder einen Energieschub bewirken, sie können entspannen, erotisieren oder die Konzentration steigern – und damit Schönheit und Ausstrahlung; Essenzen aus essentiellen Ölen wirken – direkt aufgebracht – überdies hautglättend (Rose), gegen Falten (Jasmin) oder hautverfeinernd (Iris).

TIPP

NATÜRLICHE ÖLE – ERSTE WAHL
Wichtig: Verwenden Sie ausschließlich natürliche und keine synthetisch hergestellten Aromaöle, und auch diese immer in Maßen. Denn nur dann ist der Wohlfühlerfolg garantiert!

Anders als bei der Sprache oder beim Sehen werden Geruchsinfos nicht in der Hirnrinde, sondern im limbischen System verarbeitet, dem »Riechhirn«. Düfte werden also quasi am analytischen Verstandeshüter vorbeigeschmuggelt; sie wirken selbst unterhalb der bewussten Wahrnehmungsgrenze noch in kleinen Dosen. Ein Tropfen Riechstoff und unser System schaltet auf Autopilot.
Die Aromatherapie setzt auf die Wirkung von ätherischen Ölen. Gerüche setzen die Produktion bestimmter Botenstoffe im Organismus in Gang, die Gefühle und physische Reaktionen auslösen. Der in der Kosmetikterminologie verwendete Begriff Aromachologie (eine Wortverbindung aus Aroma und Psychologie) bezeichnet die Wissenschaft von den Aromaölen. Sie setzt eine Nachweisbarkeit von Veränderungen in den Nervenzellen durch Duft voraus.

Der Lieblingsduft – reine Gefühlssache

Welche Aromen wirken am besten? Ganz einfach: Diejenigen, die Sie lieben, die bei Ihnen gute Gefühle hervorrufen, die Sie mit schönen Dingen verbinden. Duft ist eine höchst individuelle Angelegenheit. Man sollte sich also aus den Wirkgruppen diejenigen heraussuchen, die man wirklich mag. Denn, bei aller Liebe, selbst wenn Moschus und Ylang-Ylang zu den erotisierenden Aromen gezählt werden – die Wirkung versagt vollends, wenn einem davon übel wird ...

Baden in Duft

»Duft ist das Gefühl der Pflanzen«, meinte schon Heinrich Heine. Bei den Anwendungsmöglichkeiten von Aromen sind der Fantasie keine Grenzen gesetzt. Ein Klassiker ist das Aromabad (Seite 129). Dazu höchstens zehn Tropfen des oder der Lieblingsöle pro Wannenbad verwenden. Damit es keinen Mini-Ölteppich gibt: Die ausgewählten Essenzen in drei Esslöffel Sahne oder eine halbe Tasse Milch mit zwei bis drei Teelöffeln Honig emulgieren und diese Mischung wiederum ins Badewasser geben. So entfaltet der Riechbalsam seine wohltuende Wirkung.

Dufte Ideen für jeden Tag

In der Luft verduften können Aromen als Raumspray, als Potpourri auf getrockneten Blütenblättern, als Duftkerze, Räucherstäbchen oder in Duftlampen. Höchstens acht Tropfen des Aromas nehmen und dies immer in Wasser verdampfen lassen, weil das Öl sonst verbrennt. Eine

Die Limette macht als Aroma in der Duftlampe müde Mädchen wieder munter.

Kamille wirkt dagegen entspannend und beruhigt trockene und sensible Haut.

BERUHIGENDE UND BELEBENDE AROMEN

Folgenden Aromen werden bestimmte, grundsätzliche Wirkweisen zugeschrieben. Suchen Sie sich Ihre Lieblinge aus!

Entspannende Düfte

Eukalyptus	Geranie
Cypresse	Limone
Kampher	Petit Grain
Rose	Mandarine
Kamille	Citronella
Ylang-Ylang	Zitrone

Anregende Düfte

Zeder	Bergamotte
Myrrhe	Pfefferminze
Sandelholz	Majoran
Lavendel	Fenchel
Jasmin	Basilikum
Neroli	Weihrauch

Bei trockener, sensibler Haut hilft das Aromaöl aus Rosenblättern – in Pflanzenölen, Cremes oder Lotionen.

Bei Müdigkeit und Erschöpfung das Richtige: Minzöl. Der anregende Duft der Pfefferminze gibt garantiert neue Power.

AROMAÖLE – NATÜRLICHE GESCHENKE FÜR DIE HAUT

Manche essentiellen Öle helfen bei Hautproblemen. Wichtig: Diese Öle nie direkt auf die Haut bringen, weil sie zu konzentriert sind und Irritationen verursachen können; immer mit einem Trägerstoff vermischen. Als Trägerstoff geeignet sind zum Beispiel Pflanzenöle. Man gibt circa drei Tropfen des essentiellen Öls auf zehn Milliliter eines Pflanzenöls (Seite 76). Ebenfalls geeignet sind neutrale, auf den Hauttyp abgestimmte Cremes und Lotionen (in Naturkostladen und Parfumerie erhältlich). Die Mischungen sind anwendbar als Masken, in Bädern oder bei Massagen.

- **Trockene Haut:** Kamille, Lavendel, Myrrhe, Rose, Sandelholz
- **Dermatitis (Hautentzündung):** Kamille, Lavendel
- **Ölige Haut/Akne:** Bergamotte, Kamille, Salbei, Cypresse, Rosmarin, Teebaumöl
- **Sensible Haut:** Kamille, Geranie, Lavendel, Neroli, Rose
- **Anti-Aging-Essenzen:** Gegen Trockenheit und Fältchen wirken: Kamille, Cypresse, Geranie, Jasmin, Myrrhe, Neroli, Rose; gegen schlaffe Konturen: Bergamotte, Lavendel
- **Normale und Mischhaut:** Bergamotte, Jasmin, Lavendel, Rose

schöne Idee sind Lampenringe. Dafür wird ein etwa 1,5 Zentimeter breiter Ring aus Filz geschnitten, mit drei Tropfen Aromaöl beträufelt und auf eine Glühbirne gesetzt. Durch die Wärme werden die Duftstoffe frei.

Wohlgeruch bis in den Staubsauger

Düfte wirken auf kleinen getränkten Kissen für den Kleiderschrank (Lavendel und Zeder gegen Motten), als erotisierendes Kopfkissenspray (drei Tropfen Öl in etwas Alkohol aufschütteln und mit Wasser verdünnen), in der Waschmaschine (einfach drei Tropfen ins Waschpulver geben), ja sogar im Bügelwasser (dazu kein Öl, sondern Rosen- oder Orangenblütenwasser im Verhältnis eins zu drei mit destilliertem Wasser mischen und die Wäsche damit einsprühen) oder – ganz pragmatisch – als Luftverfeinerer beim Staubsaugen – ein paar Tropfen auf den Papier-Staubsaugerbeutel geben.

Immer der Nase nach – Aromacocktails für besondere Stunden

Folgende Rezepte eigenen sich perfekt für die Duftlampe. Wer ein Massageöl mixen möchte, gibt 10 bis 20 Tropfen des Aromaöls auf maximal 50 Milliliter Trägeröl.

► **Girlies Delight:**
3 Tropfen Palmarosa oder 2 Tropfen Rosenholz
1 Tropfen Jasmin
1 Tropfen Ylang-Ylang
2 Tropfen Neroli
Sehr entspannend, mädchenhaft verspielt und verführerisch blumig. Wer die leichte, exotische Schwüle herausnehmen will, verzichtet auf das Ylang-Ylang.

► **Morgen-Show:**
Entweder pur: 10 Tropfen Rosmarin
Oder: 7 Tropfen Rosmarin und 3 Tropfen Limette
Wer sich die Nacht mit Party-Machen um die Ohren geschlagen hat, den zahnenden Liebling fünfmal beruhigen musste oder einfach ein Morgenmuffel ist: Rosmarin macht müde Mädchen munter!

► **Stress-Schreck:**
3 Tropfen Zeder
3 Tropfen Lavendel
3 Tropfen Geranie
4 Tropfen Petit Grain
Macht gelassen, ordnet chaotische Gedanken, beruhigt. Wem Zeder zu waldig ist: weglassen und mit drei weiteren Tropfen Lavendel mischen. Oder mit drei Tropfen Bergamotte. Das vertreibt schlechte Gedanken, Melancholie und dunkle Gefühle.

► **Power-Paket:**
3 Tropfen Rosmarin
3 Tropfen Ingwer
3 Tropfen Wacholder
1 Tropfen Pfefferminz
Das Aroma-High für Ausgelaugte, Geschlauchte und Arbeitszombies; wirkt wie Nektar für die Seele.

► **Sex and the City:**
3 Tropfen Tonka
4 Tropfen Zimtrinde
3 Tropfen Schwarzer Pfeffer
5 Tropfen Koriander
5 Tropfen Zitrusfrucht (Orange, Grapefruit, Mandarine)
2 Tropfen Rose
Lust auf Lust und Schwelgen? Die Mischung weckt Sinnlichkeit und Erotik.

Man sieht nur mit dem Herzen gut.
Das Wesentliche ist
für die Augen unsichtbar.

Antoine de Saint-Exupéry

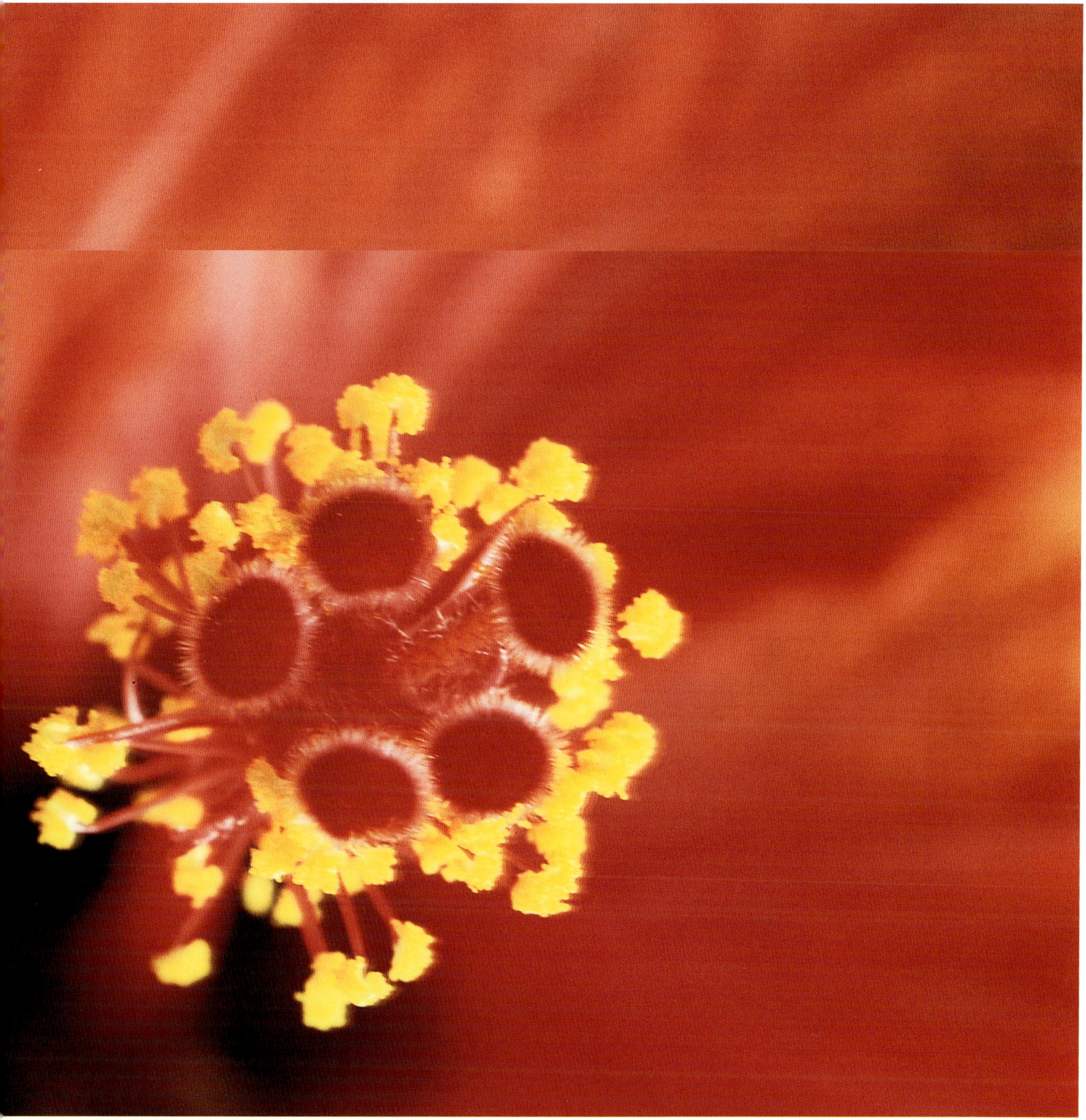

Extras vom Spezialisten: Von Ayurveda bis Zen

Ob Ayurveda oder Zen – Schönheitsideale orientieren sich heute nicht mehr nur an Äußerlichem. Auch innere Schönheit, Zufriedenheit und Ausgeglichenheit sind erstrebenswert. Der neue Lifestyle: glücklich! Der beste Weg dahin: ein maßgeschneidertes Potpourri von Ayurveda-Anwendungen, Tiefenreinigung für Körper und Seele im Hamam, Energiemassagen und einem ausgewogenen Anti-Aging-Programm – allesamt Beauty-Therapien, für die es Spezialisten gibt. Suchen Sie sich das Beste aus und lassen Sie sich zwischendurch auch einmal professionell verwöhnen!

Ayurveda – innere und äußere Schönheit

Immer mehr Menschen entdecken die verjüngende und verschönernde Kraft des Ayurveda. Die zahlreichen Anwendungen der jahrtausendealten indischen Lehre, mit denen Körper und Seele gereinigt werden (gemäß dem Prinzip: bin ich innen schön, bin ich es auch außen), wirken wie sanfte Medizin.

Reinigung mit Tiefgang: Panchakarma-Kur

Königsdisziplin ist die Panchakarma-Kur, eine Tiefenreinigung von innen. Die Kur dauert mindestens zehn Tage und umfasst verschiedene physiologische Methoden, mit denen Unreinheiten schrittweise aus dem Körper geleitet werden sollen.

Sicher: Am schönsten ist es, diese Kur dort zu machen, wo sie seit Jahrtausenden gepflegt wird, etwa in Sri Lanka. Eine Meerwasserbucht, schlicht-schöne Behandlungsräume, Yoga und die Möglichkeit, mit buddhistischen Mönchen zu meditieren – das sind ideale Bedingungen, um mit sich selbst buchstäblich ins Reine zu kommen. Doch eine Panchakarma-Kur kann man inzwischen auch bei uns mit Hilfe spezialisierter Ärzte, ambulant oder in darauf ausgerichteten Kurkliniken machen.

Am Anfang der Kur steht eine Pulsdiagnose. Durch diese Untersuchung kann sich der ayurvedische Arzt ein Bild von dem Menschen vor ihm und seinen Beschwerden machen und anschließend seine ganz individuelle Medikation zusammenstellen. Ziel der Therapie ist es, die drei Doshas (Energieströme; Vata, Pitta und Kapha) in Balance und Harmonie zu bringen und damit den allgemeinen Zustand zu verbessern.

Schlüssel zum Glück: Ayurveda-Massagen

Herzstück der umfassenden Regeneration sind Massagen. Sie revitalisieren, schenken neue Energie und verschönern nicht zuletzt das Hautbild. Fünf Behandlungen – ein wohliges Schwelgen zwischen Wach- und Schlafzustand, und die Sinne sind erfrischt wie von magischer Hand. Die Massagen wirken übrigens auch unabhängig von einer Panchakarma-Kur und sind zum Teil auch in hiesigen Spas zu bekommen.

Indische Verwöhnwelten

Lassen Sie sich mit verschiedenen Anwendungen verwöhnen: Ölmassagen, Kräuterduschen, Gewürzsauna und mehr. Zu den überaus angenehmen Erlebnissen zählen die folgenden:

Massagen sind Herzstück jeder Ayurveda-Kur. Dabei schenkt der Stirnguss mit Öl, Shirodara, tiefe Entspannung. Bei der Abhyanga-Massage spenden vier Hände gleichzeitig Wohlgefühl.

► **Abhyanga:** »Liebende Hände« führen diese wohltuende Massage aus, die in unterschiedlichsten Ausformungen mit mediziniertem Sesamöl praktiziert wird. In der Regel versteht man darunter eine Ganzkörpermassage, die zwei Therapeuten gleichzeitig ausführen. Durch die synchrone Massage werden die rechte und die linke Gehirnhälfte in Einklang gebracht, breitet sich ein Ganzheitsgefühl aus – und spätestens jetzt wird klar, warum Abhyanga »Tanz der liebenden Hände« heißt.

► **Pizzichilli:** Der »Königsguss« ist eine Kombination aus Synchronmassage (also von zwei Therapeuten gleichzeitig), Öl- und Wärmebehandlung. Weiche Hände massieren den Körper mit sanftem Druck. Dabei fließt ungefähr eine Stunde lang kontinuierlich ein warmer Ölstrahl über den Körper – und man gleitet in eine fast meditative Entspannung. Pizzichilli entgiftet zudem und kurbelt das Immunsystem an.

► **Shirodara:** Bei dem Stirnguss streichelt ein wohltemperierter sanfter Ölstrahl (Sesamöl) ungefähr 20 Minuten lang über Stirn – mit dem Effekt einer tief greifenden Entspannung und der Regeneration des ganzen Körpers, insbesondere des Nervensystems. Dieser Stirnguss wird meist im Anschluss an eine ausgiebige Körpermassage gegeben, er wirkt so erholsam wie ein Kurzurlaub. Shirodara reinigt und schärft alle unsere Sinne.

► **Svedana:** Darunter fallen verschiedene Wärmebehandlungen. Im Vordergrund stehen entgiftende Kräuterdampfbäder. Blüten und Blätter von Melisse, Rosen & Co. umhüllen wohlig duftend den Körper.

► **Vishesh:** Therapeuten massieren den gesamten Körper mit ayurvedischen Ölen. Tiefenwirkung garantiert!

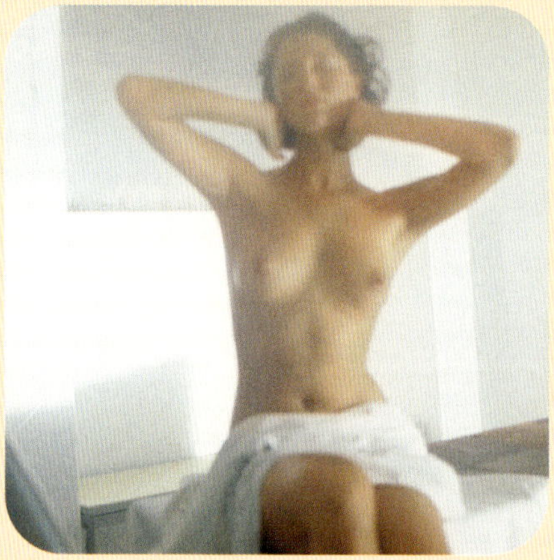

Schönheitsrituale aus 1001 Nacht: Im Ruheraum des Hamams heißt es erst einmal abschalten, bevor es in den Schwitzraum geht.

Das Hamam-Reinigungsritual

Der kostbarste Schmuck der Königin von Saba, so heißt es, war ihre seidige Haut. Ihr Geheimnis: das Hamam-Ritual, ein Sesam-öffne-Dich osmanischer Badekultur für einen verführerischen Körper. Es ist eine märchenhafte Stimmung, wie in 1001 Nacht. Wandmalereien und Marmormosaiken zaubern die Atmosphäre des Orients hervor. Von feuchtwarmer Luft umnebelt, von ätherischen Ölen und dem Duft edlen Räucherwerks eingehüllt, werden die Gedanken in märchenhafte Welten entführt.
Dass eine Tiefenreinigung essentiell ist für die Verjüngung der Haut, ist allerdings kein 1001-Nacht-Märchen: Nur so kann die nachfolgende Pflege mit den Hauttyp-gerechten Cremes, Lotionen und/oder Ölen optimal wirken.
Früher war das Hamam oft Teil einer Moschee. Heute gibt es Hamams in Wellness-Centern und Luxushotels. Von Hamburg bis München und von Zürich bis Wien können Sie sich in rund zwei Dutzend Hamams von den Händen der *Natir* (Badefrau) verwöhnen lassen und die Wohltaten orientalischer Badekultur kennen lernen.

Maslakh – den Alltag abstreifen

Das Schönheitsritual aus dem Morgenland beginnt im *Maslakh*, dem Ruheraum. Dort lässt man die Alltagssorgen zurück, beginnt die Rückkehr zu sich selbst. Das Ambiente: feminin, luxuriös, prächtig. Das Plätschern kleiner Brunnen versetzt in meditative Stimmung, man trinkt Tee oder – moderne Spa-Variante – Wasser mit Gurken- oder Orangenscheiben, kuschelt sich in sein Hamam-Badetuch aus Seide und Baumwolle und lauscht den Geschichten der Natir, der Badefrau (das männliche Äquivalent ist der Tellak – es gilt Geschlechtertrennung im Hamam), die von Zeiten erzählt, als die Besucherinnen noch silberne Badeschuhe für das Ritual anlegten.

Sogukluk und Halvet – Beauty-Schatzkammern

Im *Sogukluk*, dem ersten feuchtwarmen Schwitzraum (30–40 Grad Celsius), duftet es nach Kräutern. Nach etwa 15 Minuten ist der ganze Körper wohlig mit Schweißperlen benetzt; schon jetzt wird man mit Alibaba-Schönheitsschätzen belohnt: die oberste Hautschicht quillt auf, Müdigkeitsfältchen verschwinden. Die beste Vorbereitung, damit sich abgestorbene Zellen leicht lösen lassen.
Höhepunkt der Zeremonie ist die reinigende Rubbelmassage im *Halvet*, dem zweiten Schwitzraum, wo die Temperaturen auf 45 Grad Celsius klettern. Hingegossen auf einen geheizten Marmorblock, dem Nabelstein, gibt man sich vollends in die Hände der kundigen Badefrau. Dann wird der Körper geschrubbt, was der Ziegenhaar- oder Seidenhandschuh hergibt – manchmal mit

Eintauchen in die Welt des Hamams: Wasserbecken, Mosaiken und Wandmalereien zaubern auch in hiesige Spas das Ambiente eines orientalischen Bades.

geradezu exorzistischem Engagement, als wolle die Natir nicht nur die Haut verjüngen, sondern auch alles Negative aus der Seele waschen. Mit reichhaltiger Olivenölseife wird sodann geschäumt und massiert, bis der Körper rosig und die Haut glatt, bis die Grauschleier auf Haut und Geist verschwunden sind. Gemäß der orientalischen Weisheit »Damit Wasser reinigt, muss es fließen« wird man wieder und wieder mit warmem Nass aus Silberschalen übergossen, das die Badefrau aus ornamentreichen Brunnen schöpft.

Rhassoulbad – Tonerde für zarte Haut

In manchen Hamams kann man sich nicht nur der traditionellen osmanischen Waschung hingeben, sondern auch eine arabische Variante probieren: das Rhassoulbad. *Rhassoul* ist eine Schlammschlacht für die Sinne aus marokkanischer Tonerde. Der Schlamm ist so mild und dabei tiefenreinigend, dass er auch bei sehr empfindlicher Haut Wunder wirkt. Durch seinen hohen Kieselsäuregehalt wird die Haut zart, das Haar bekommt Fülle und Glanz.

Noch einmal Ruhe im Maslakh

Letzte Station des Verwöhntrips: Im Maslakh ruht man nach, durch die Abkühlung kommen zugleich Kreislauf und Durchblutung in Schwung. Garantiert: Wer einmal im Hamam war, die Wonnen osmanischer Badekultur genossen hat, wird sich wehmütig an die exotische Atmosphäre, an das Schwatzen und Kichern mit den besten Freundinnen erinnern – und möglichst schnell wiederkommen.

Handgriffe für die Schönheit

Schön und entspannt durch Meisterhand: Eine Qi-Massage lässt Pretty Woman dank frischer Energie strahlen. Die Magie massierender Hände kann aber nur von ausgebildeten Therapeuten vorgenommen werden, die etwa 198 verschiedene Massagehandgriffe beherrschen müssen.
Eine weitere Wohltat mit verschönernder Wirkung sind Lymphdrainagen; sie entstauen, glätten das Gesicht und verschlanken. Auch hierfür müssen Sie sich zu speziell geschulten Therapeuten begeben, etwa in Beauty-Studios oder darauf spezialisierten Hotels.

Qi-Massage – Relaxen auf Japanisch

Zarte Berührungen jagen angenehme Schauer über den Rücken, schaffen Nähe und Zuversicht. Kein anderes Sinnesorgan schenkt uns schönere Gefühle als die Haut. Und weil sie auf Reize so sensibel reagiert, führt jeder Input sofort zu einem Output: Loslassen, entspannen, neue Lebensenergie und Spannkraft schöpfen – all dies vermag Massage zu

bewirken, wenn sie auf dem Prinzip des Qi (japanisch für Energie) beruht.
Eine Qi-Massage ist eines der traumhaftesten Beauty-Erlebnisse. Die Technik ist eine Mischung aus asiatischen und westlichen Elementen. Stimuliert werden bei der Ganzkörpermassage hauptsächlich die *Tsubos*, Akupressurpunkte, die die Nerven in der Haut mit den inneren Organen verbinden. Für zusätzliches Wohlgefühl sorgen seidige Massagecremes und duftende Öle. Der Effekt: Der Hautstoffwechsel wird verbessert, die Spannkraft von kollagenen und elastischen Fasern erhöht. Das Hautbild verbessert sich (auch bei Akne effektiv!). Extrabonus: die Gelassenheit eines Zen-Bogenschützen.

Lymphdrainage – sanfter Genuss

Der Name klingt klinisch-medizinisch, dabei ist die Lymphdrainage von ihrem Wesen her eher eine Art Sahnebaiser: Sie fühlt sich meerschaumluftig an, man schwebt bei der Behandlung auf süßen Wölkchen – und sie ist katzenpfötchensanft. Ähnlich wie eine Reflexzonenmassage wirkt die manuelle Lymphdrainage bei Hautproblemen Wunder: Sie bringt Körperflüssigkeiten zum Strömen, entfernt Stauungen und Schlacken, behebt Stoffwechselstörungen und unterstützt und stärkt die körpereigenen Abwehrmechanismen.
Der Lebensquell Lymphe ist zugleich Nährflüssigkeit und Abwassersystem des Organismus. Wird das feine System gestört (durch Stress, mangelnde Bewegung, Medikamente etc.), bleibt das Gewebe mit alter Lymphe verstopft – es verhungert und wird zugleich durch eigene Abfälle vergiftet. Hier setzt die Kunst der Lymphdrainage an: sanft, harmonisch, rhythmisch, mit geschmeidigen Händen führt der Therapeut eine Art Pumpbewegung mit kreisenden oder streichenden Handbewegungen aus, drucklos entlang der Lymphbahnen in Richtung Lymphknoten. Eine Entschlackungstechnik, die nicht nur entspannt und Zellen regeneriert, sondern die auch bei Ödemen (Wasseransammlungen in Beinen, Händen, Gesicht) sowie vor und nach Schönheitsoperationen und bei Cellulite erfolgreich angewendet wird.

Modelage – der Beauty-Kokon

Die perfekte Ergänzung zu einer professionellen Gesichtsmassage, die die Effektivität von Wirkstoffen in Cremes, Ampullen und Masken optimiert, ist eine Modelage. Gemeint ist damit meist eine Art Kokon aus Gaze oder speziellem Vlies, der aufs Gesicht gepackt wird. Darüber kommt eine Mineralienmaske, die trocken und fest wird. Durch den sich entwickelnden Wärmeeffekt – die Haut wird besser durchblutet, die Poren öffnen sich – sollen die von außen zugeführten Goodies noch besser in die Haut geschleust werden. Für regelmäßige Kosmetiksalon-Junkies ist die Modelage so etwas wie die Preiselbeeren zum Rehrücken für Gourmets: Ohne wäre das alles irgendwie unvollständig.

Anti-Aging-Strategien

Dass der Organismus bereits ab Mitte 20 altert, ist kein Geheimnis. Wie schnell und wie intensiv, hängt jedoch von einer Reihe komplexer Faktoren ab, unter anderem von den Genen, Hormonen, UV-Strahlen und Umweltgiften. Immerhin können Sie einige der wesentlichen Ursachen – Ernährung, Bewegung, seelische Balance – selbst beeinflussen.
Altern ist eine Verschleiß- beziehungsweise Mangelerscheinung, bei der sich

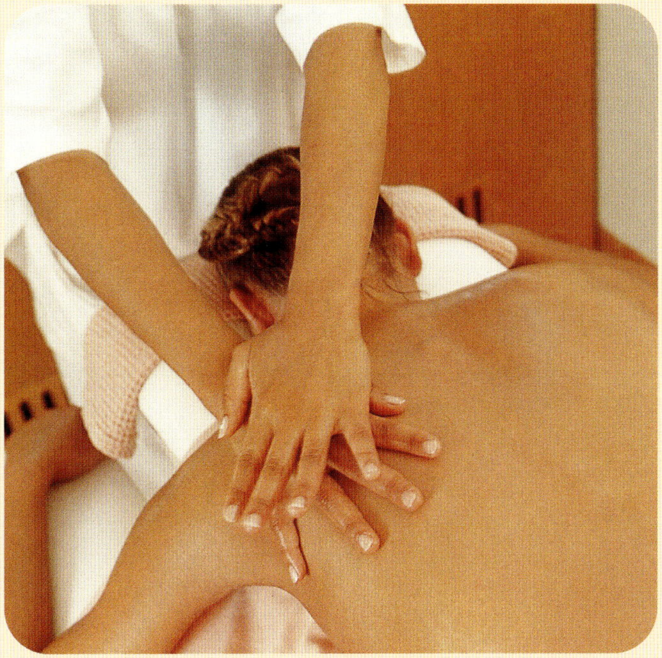

Zwei besondere Extras für zarte Haut: Eine Modelage nährt den Teint, die Lymphdrainage klärt das Gewebe von Kopf bis Fuß.

zum Beispiel der Hormonstatus verändert und bei der Angriffe freier Radikale und oxidativer Stress (zum Beispiel durch UV-Strahlen) immer mehr Zellschäden hinterlassen. Vielen dieser biochemischen Prozesse lässt sich entgegenwirken: mit Rat und Tat seriöser Spezialisten, Anti-Aging-Mediziner mit Facharztausbildung etwa als Gynäkologe oder Endokrinologe.

Was Spezialisten tun können

Ein seriöser Anti-Aging-Experte wird seine Patienten nie mit Hormonen zwangsbeglücken – die Hormonersatztherapie (Seite 96) wird häufig fälschlich als Synonym für Anti-Aging-Methoden gesehen –, sondern er wird einen ganzheitlichen Ansatz bei Diagnose und Therapie wählen. Dieser fußt zumeist auf fünf Säulen: Ernährung, Sport, Psychohygiene, Ermittlung des Hormonstatus und Lifestyleberatung. In umfangreicher und übergreifender Anamnese klopft der Arzt mit verschiedenen Tests (zum Beispiel dem *Age-Scan*, um das biologische Alter zu ermitteln) seinen Klienten ab. Nach der Diagnose legt er die Art der Therapien fest und gibt dem Patienten gegebenenfalls Experten wie Sport- oder Ernährungsfachleute an die Hand, die individuelle Programme erstellen und gemeinsam mit dem Mediziner den Klienten coachen.

Hier ein paar Faustregeln – das individuelle Haute-Couture-Programm muss man sich jedoch beim Facharzt maßschneidern lassen:

- **Ernährung:** Der Mensch bleibt länger jung, wenn er sich hauptsächlich von vollwertigen Speisen wie grünen Blattgemüsen, Bohnen, Olivenöl, Nüssen und Vollkornprodukten ernährt und auf tierische Fette (rotes Fleisch) und Süßes weitgehend verzichtet. 50 Prozent Kohlenhydrate, 30 Prozent Fett und 20 Prozent Proteine gelten als optimaler Mix. Bodyguards und pure Biokosmetik sind Vitamine (vor allem Vitamin C, A, E, B9 und Q10, Seite 18). Ob man Vitalstoffe, auch in Form von Nahrungsergänzungsmitteln, braucht, stellt der Arzt mit Hilfe so genannter Sekundärmessungen fest. Ernährungsbetreuung und -überwachung gehören zum Coaching.

► **Sport:** Fünfmal die Woche je 30 Minuten Sport werden empfohlen. Ob Radfahren, Aerobic, Golf, Schwimmen – alles ist möglich. Wer übertreibt (täglich 60 Minuten und mehr), muss mit dem gegenteiligen Effekt rechnen. Der Organismus altert schneller, weil zu viele freie Radikale gebildet werden, die letztendlich Zellen killen. Auch hier kann der Arzt Trainer empfehlen, die mit dem Klienten zielgerichtet arbeiten.

► **Psychohygiene:** Eine sorgenfreie, gesunde Seele ist einer der Schlüssel, langsamer zu altern. Meditation und Yoga werden zum Ausgleich empfohlen, bei schwerwiegenderen Problemen verschiedene Therapieformen.

► **Lifestyleberatung:** Alles unter Kontrolle? Rauchen killt nicht nur, sondern macht – zunächst – hässlich; Falten, Cellulite und schlaffes Bindegewebe – besser, es mit allen Mitteln zu stoppen. Sonnenstrahlen sind zu 90 Prozent an der Hautalterung schuld. Also nie ohne Schutzfaktor (mindestens 15) aus dem Haus gehen; maximal 50 Sonnenbäder (-stunden) pro Jahr sind erlaubt. Ein guter Arzt entwickelt Ihr persönliches Lifestyle-Programm und unterstützt Sie, es umzusetzen.

Hormone – wichtige Anti-Ager

Ohne Hormone (griech. *horman* = anregen, antreiben) geht nichts. Sie stimulieren die Stoffwechselfunktionen und werden via Drüsenproduktion ins Blut abgegeben. Doch Vorsicht vor Experimenten – Hormone sind hochwirksame, komplex arbeitende Power-Wesen, deren Verordnung ausschließlich in die Hände von Experten gehört!

Die Hormonersatztherapie

Bei der Hormonersatztherapie (HET), die im Anti-Aging-Bereich eingesetzt wird, werden – ganz vorsichtig dosiert – jene Hormone im Organismus mittels Pillen, Vaginalcreme, Pflaster oder Spray ersetzt, die fehlen, weil durch das Altern ihre Produktion nachgelassen hat. Vergleichbar ist dieser Ersatz mit Insulingaben bei Diabetikern (Insulin ist ebenfalls ein Hormon).

Die wichtigsten Hormone und ihre Wirkung

► **Androgene und Östrogene – Yin und Yang:** Ein Mangel an Androgenen, jener gewebeaufbauenden männlichen Hormone, kann bei Frauen ein schlaffes Bindegewebe (Cellulite) verursachen. Durch eine lokale Anwendung eines Androgen-Gels (verordnet vom Endokrinologen) ist es möglich, Cellulite um ein bis zwei Stufen zu verbessern (vier Stufen gibt es).
Die weiblichen Östrogene sorgen als feminine Geheimwaffe für pralle, junge Haut. Sie sind für die Bildung von Kollagen und Elastin sowie von Hyaluronsäure, dem körpereigenen Super-Feuchtigkeitsbinder, zuständig.

► **HGH – gut und teuer:** Teuerstes Anti-Aging-Medikament ist das Wachstumshormon HGH (Human Growth Hormone), das gentechnisch hergestellt wird. Normalerweise produziert es unser Körper im Tiefschlaf; seine Produktion lässt jedoch im Alter nach. HGH macht

Ob Nahrungsergänzungsmittel zur optimalen Versorgung des Körpers oder Meditation für eine ausgeglichene Seele – der Anti-Aging-Mediziner zeigt Strategien auf, damit der kritische Blick in den Spiegel auch mit steigenden Jahren zur Zufriedenheit ausfällt.

– kurz gesagt – schlank, schön und jung: Es beeinflusst das Verhältnis von Fett und Muskeln positiv, baut also Fett ab und Muskulatur auf und stimuliert das Wachstum von Haut, Haaren, Knochen.

► **Melatonin – der Schrittmacher:** Melatonin, Hüterin der Nacht und des wohligen Schlummerns (Seite 127), ist ein hochpotentes Antioxidans und gilt als Schrittmacher der biologischen Altersuhr. Sinkt der Melatoninspiegel – etwa ab dem 40. Lebensjahr ist das normal –, zieht dies ein Absinken aller anderen Hormone nach sich. Deshalb gilt Melatonin als eines der wichtigsten Anti-Aging-Hormone.

► **Relaxin – neuer Star am Anti-Aging-Himmel:** Im Brennpunkt steht neuerdings ein Hormon mit der Bezeichnung Relaxin, das ebenfalls vom Arzt verschrieben werden muss. Relaxin schützt normalerweise in der Schwangerschaft davor, dass die Haut Dehnungsstreifen bekommt. Eingesetzt wird es jetzt auch als Anti-Falten-Kur. Eine seiner Stärken: Es päppelt die mit dem Alter schmaler werdenden Lippen wieder auf.

► **DHEA – Jungbrunnenhormon:** Schlau, schlank und voller Energie – das sind die Vorteile von DHEA (Dehydroepiandrosteron). Es wird von der Nebennierenrinde produziert und bildet die Geschlechtshormone (Androgene und Östrogene). Das Jungbrunnenhormon unterstützt die Verbrennung von Körperfett, baut Stress ab, schützt das Herz und verbessert das Gedächtnis. Bei uns ist DHEA bislang verboten, obwohl es Ärzte verschreiben können und man es in internationalen Apotheken sowie im Ausland bekommt.

Die 10 Gebote für Beauty-Queens

Grundierung für mehr Licht

Das Geheimnis eines ebenmäßigen Alabasterteints heißt Licht. Die Haut absorbiert rund 70 Prozent der auf sie fallenden Lichtstrahlen und büßt damit Leuchtkraft und Transparenz ein. Die Lösung: Tragen Sie immer eine gute Foundation (Make-up) auf, die farblich mit dem eigenen Hautton verschmilzt. Sie gleicht Unebenheiten aus und bringt das Licht wieder zurück.

Erste Hilfe am Bad Hair Day

Es gibt Tage im Leben einer Frau, da führen die Haare ein Eigenleben: Sie sind flusig, schlaff, elektrisch aufgeladen oder widerspenstig und störrisch.

► Der Notfalltipp: Für mehr Volumen Haare über Kopf föhnen und gegen den Strich bürsten. Und/oder am Ansatz strähnchenweise mit Zeigefinger und Daumen hin und her zwirbeln.

► Ist der Schopf platt, kann dies am pH-Wert des Wassers liegen. Nach dem Shampoonieren mit Mineralwasser oder einer sauren Spülung (etwas Zitronensaft oder Apfelessig ins Spülwasser) durchfleien.

► Gegen fliegende Flusen hilft der Niveakuss: Etwas Creme in den Händen verreiben und vorsichtig übers Haar streichen.

1001 Nacht im Badezimmer

Das sinnliche Erlebnis eines Hamam-Besuchs (Seite 92) können Sie sich selbst bereiten, indem Sie sich die Zutaten ins Badezimmer holen: Seidenhandschuh, Olivenseife, orientalische Öle und Räucherwerk (bei www.hamam-store.de). Die Haut im Bad aufweichen, dann mit dem Handschuh bearbeiten, sich mit Olivenseife einschäumen und abspülen.

Dinner-Cancelling

Eines der – medizinisch verbrieften – effektivsten Schönheitsgeheimnisse ist das Dinner-Cancelling: zweimal wöchentlich nach 16 Uhr nichts mehr essen.

Selbstbräuner statt Sonnenbad

Sonne macht glücklich, sexy und schön. Ihre Schattenseiten sind jedoch Runzeln und Raffrollo-Falten. Deshalb: Immer – vor allem im Gesicht und an den Händen – Sonnenschutz (ab Sonnenschutzfaktor 15) auftragen oder zu Selbstbräunern greifen!

Hallo, Taxi!

Die äußere Hautschicht (Epidermis) ist zigarettenpapierdünn; wenn Cremes ausschließlich dort wirken, bemerkt man nicht viel. Achten Sie also auf Inhaltsstoffe, die in tiefere Hautschichten vordringen. Derartige Wirkstoff-Transport-Taxis sind zum Beispiel Liposome und Nanosome. Lassen Sie sich von Fachleuten beraten. Und: Haben Sie etwas Geduld! Ob die neue Creme hält, was sie verspricht, findet man erst nach rund zwei Monaten heraus. Denn der Erneuerungszyklus der Haut beträgt mindestens 28 Tage (mit zunehmendem Alter länger). Erst dann kann man einen Effekt sehen. Also: Gut Creme braucht Weile.

Mit der Zeit gehen

Die Haut ist nicht nur ein Spiegel der Seele, sondern verändert sich auch mit den Jahreszeiten und dem Alter. Achten Sie auf Veränderungen und seien Sie flexibel in der Pflege. Eine leichte Feuchtigkeitslotion ist im Winter kein ausreichender Schutz, 20-jährige Haut braucht noch keine Anti-Aging-Mittel und 50-jährige ist mit Teenie-Produkten unterversorgt. Überprüfen Sie Ihre Pflege regelmäßig!

Abnehmen im Schlaf

Schlank im Schlaf? Das geht. Mittels fettschmelzender Substanzen. Vor dem Einschlafen 1 Glas Magermilch, 1 Joghurt mit Haferflocken oder 30 Gramm Eiweiß (zum Beispiel Hühnchen), beträufelt mit dem Saft einer Zitrone, genießen.

Hau(p)t-Sache Qualität

Ob Make-up, Pflege, Farben – übertreiben Sie nicht, auch wenn's manchmal schwer fällt. Und achten Sie auf Qualität.

Die S-Geheimnisse

Der größte Beauty-Killer: Stress. Die Haut wird trocken, ist gerötet, bekommt Pickel. Gegenspieler des bösen »S« sind die vier guten »S«: Sonnenschutz, Schlaf, Sport und Sex. Nehmen Sie sich von den vier guten S, so viel Sie bekommen können!

WellFeeling
Lebenslust und gute Laune

Den persönlichen Glückscode knacken, selbstbewusst sein, Klarheit in sein Leben bringen – eine Reihe mentaler Methoden verspricht positive Energie. Das Motto: Bloß nicht auf den Prinzen warten, sondern sich selbst wach küssen!

Das Leben vereinfachen, klarer sehen

Simplify your life! Das Leben vereinfachen und dadurch leichter leben – so heißt das Mantra des neuen Jahrtausends. Die Botschaft: Misstrauen Sie der Macht des Gewohnten! Nur wer Ballast abwirft, hat Elan für die Zukunft. Einfachheit bedeutet jedoch nicht, in Askese zu verfallen und mönchisch zu darben; nur: Wer einen klaren Kopf haben will, muss aufräumen. Mit alten Gewohnheiten, hinderlichen Denkmustern, unflexiblen Verhaltensweisen. Wer zu viel auf einmal tut, wer zu viel Unnützes besitzt, steht sich selbst häufig im Weg dabei, Dinge zu genießen und sich an dem zu erfreuen, was wirklich wichtig ist. Der Rest? Einfach loslassen. Wie? Tabula rasa, Frühjahrsputz, Inventur machen, entrümpeln und ausmisten.

TIPP

DER KISTENTRICK
Ein sehr guter Trick, wenn man unsicher ist oder glaubt, sich von etwas nicht wirklich trennen zu können: Packen Sie all diese Dinge in eine Kiste, ohne eine Inhaltsangabe darauf zu schreiben. Notieren Sie stattdessen eine Art Verfallsdatum (Zeitraum etwa ein halbes Jahr). Wenn Sie bis dahin die Sachen nicht vermisst haben, werden Sie sie auch in Zukunft nicht brauchen. Verschenken Sie die Kiste ungesehen, werfen Sie sie weg oder bringen Sie das Teil zum Flohmarkt.

Werfen Sie Ballast ab!

Der Blick zurück ohne Zorn beginnt mit der äußeren Umgebung – wie innen, so außen, lautet eine spirituelle Weisheit. Das heißt: Wer sich mit Ordnung, Überschaubarkeit, Einfachheit umgibt, entlastet auch Geist und Psyche. Seien Sie wählerisch in dem, was Sie besitzen möchten – fragen Sie sich immer: Macht mich dieser Gegenstand wirklich glücklicher? Wer mit leichtem Boot segelt, fährt besser. Entrümpeln Sie Ihre Schränke, geben oder werfen Sie weg, was Sie nicht brauchen. Und gewinnen Sie damit mehr Freiheit. Systematisch werden Keller, Dachboden, Kleiderschränke, das Küchenarsenal, der Medizinschrank, Papierberge, die PC-Festplatte verschlankt. Schritt für Schritt. Und denken Sie dran: Viele glauben, Motivation käme vor dem Handeln. Ein Irrtum. Wer auf den Elan wartet, aktiv zu werden, sitzt einem Märchen auf. Kommen Sie in Schwung, indem Sie etwas tun!

Beziehungs-Check-up

Dasselbe gilt für andere »Pflichten«. Es befreit ungemein, mit schal gewordenen Beziehungen aufzuräumen. Werfen Sie die Adressen von Leuten aus Ihrem Adressbuch, die Ihnen nicht gut tun oder sich immer nur melden, wenn sie etwas wollen – das ist Knoblauch für Seelenvampire.

Gewohnheiten auf dem Prüfstand

- **Telefonterror:** Nur weil es klingelt, braucht man das Telefon bzw. das Handy noch lange nicht zu bedienen. Machen Sie Ihr eigenes Timing – schließlich gibt es Anrufbeantworter.
- **Verabredungen, soziales Parkett:** Bloß keine Pflichtprogramme, halten Sie sich Ihre Wochenenden frei! Gehen Sie nie aus, nur um die Zeit totzuschlagen. Die Alternative: etwas tun, das auch die Seele nährt – lesen, Blumenkästen bepflanzen, für Freunde kochen.

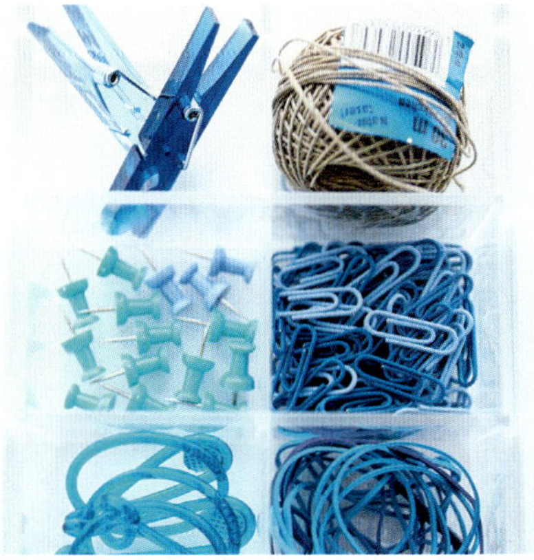

Äußere Ordnung und Überschaubarkeit schafft Raum für Neues. Wer ab und zu den Schreibtisch entrümpelt, entlastet Geist und Seele, bekommt einen besseren Blick fürs Wesentliche.

► **TV-Berieselung:** Schalten Sie öfter den Fernseher aus. Kein Müll mehr in den Kopf. Er wirkt sich negativ auf Schlaf und Träume aus.

► **Vergleiche:** Hören Sie auf, permanent zu vergleichen (»Meine Güte, was die für eine Figur hat!«). Das müllt den Geist zu und kreiert eine schlechte Ausstrahlung.

Was tun mit schlechten Gefühlen?

Wie aber wird man scheußliche Gefühle los, die an einem nagen? Eifersucht, Angst, Wut, Minderwertigkeitsgefühle, Machtgelüste? Nach über einhundert Jahren Seelenheilkunde ist klar: Je krampfhafter man solche Gefühle entsorgen will, desto hartnäckiger bleiben sie. Das jedoch, was wir bedingungslos annehmen, verwandelt sich. Und wir uns mit ihm. Die Lösung besteht also darin, sich selbst so akzeptieren zu lernen, wie man ist. Der Weg dorthin ist ein persönlicher, ob durch Tagebuchschreiben, ob durch Gespräche mit guten Freunden oder ob mit Therapeutenhilfe. Was auf Dauer sicher nicht heilt, sind Verdrängung und Unterdrückung der Gefühle.

Das Tao des Herzens – Gefühle annehmen und Verletzungen heilen

Eine Möglichkeit, üble Gefühle aufzulösen, ist eine Meditation nach Art der Zen-Meister, kraft des Tao des Herzens (chin. *tao* = der Weg).

Sich bedingungslos anzunehmen heißt, dass man sich keines seiner Gefühle zu schämen braucht, dass alle Gefühle sein dürfen. Während der Meditation (Seite 104) beobachtet man, was in einem geschieht. Man atmet und nimmt das vorherrschende Gefühl wahr (Trauer, Wut, Eifersucht …), beobachtet die Körperempfindungen, die dabei entstehen (Anspannung, Schmerz, Kälte, Hitze …). Man nimmt einfach wahr, ohne – wie üblicherweise – davonzulaufen, ohne dem jeweiligen Gefühl gemäß zu handeln. So ist es möglich, das Gefühl angemessen auszudrücken, ohne sich gezwungen zu fühlen, eine Aktion folgen lassen zu müssen. Es geht (zunächst) nicht darum, etwas zu verändern, sondern kennen zu lernen, zu erfahren, was ist. Zu erfahren, dass diese Gefühle einen nicht davontragen. Hilfreich ist es, sich vom eigenen Atem führen zu lassen. Ihn wie eine Art Geländer zu benutzen, das trägt und stützt. Hat sich die Emotion schließlich offenbart, geht es darum, sein Herz zu öffnen und sich um das Gefühl zu kümmern – wie eine Mutter um ein krankes Kind. Man gibt dem Gefühl mental, was es braucht: Mitgefühl, Verständnis, Würdigung, Existenzberechtigung. Und heilt damit die Verletzung.
Das Geheimnis des Tao des Herzens besteht darin, abgelehnte Emotionen wie verlorene Kinder aus der Verbannung zurück in sein Herz zu holen. Denn: Alles, was man in sich selbst anerkennt und versteht, macht in der Außenwelt keine Probleme mehr.

Glücksbringer Meditation

Wohl jeder kennt es – das Chaos im Kopf, die permanente Karussellfahrt durcheinander purzelnder Gedanken. Dieses Dauergetöse, das Nicht-abschalten-Können versetzt uns in Stress. Die beste Praxis dagegen ist Meditation. Denn der Geist kann sich nicht auf zwei Dinge zugleich konzentrieren. Indem man den Brennpunkt seiner Aufmerksamkeit während der Meditation verlagert, bewirkt sie, dass Sorgen und Anspannungen, die zunächst vorherrschend waren, nachlassen und sich schließlich auflösen. Andersherum ausgedrückt: Indem man sich auf ein einziges Objekt, eine Meditationshilfe, konzentriert – sei es ein Mantra (Klangwort), ein Mandala (Bild) oder eine einfache Kerzenflamme –, wird der Geist befähigt, Probleme an ihrer Wurzel zu packen und zu überwinden.
Wer regelmäßig meditiert (am besten zweimal täglich etwa 20 Minuten), wird stressresistenter und gewinnt die Heiterkeit und Gelassenheit eines Buddha. Außerdem verringert Meditation nachweislich die Stresshormone Cortisol und Adrenalin im Blut, normalisiert Blutdruck und Herzrate, Atmung und Stoffwechsel kommen in Balance. Das Schönste: Meditation ist leicht erlernbar und frei von jedem Leistungsdruck; man muss nichts tun, außer seinem eigenen Atem zu folgen. Schon dieser Aggregatzustand schenkt wunderbare Leichtigkeit.

Eintauchen in die innere Welt

Es gibt vielerlei Arten, sich in seine innere Welt zu versenken und damit den Geist zu beruhigen, von der Analytischen Meditation über die Geh- bis hin zur Zen-Meditation. Man muss keiner Schule angehören, um meditieren zu können; es ist weder notwendig, sich zur menschlichen Brezel zu verbiegen (übrigens beherrschen auch viele Asiaten den Lotossitz nicht), noch sich krampfhaft um Erleuchtung, mönchische Askese oder nirwanaartige Erlösungszustände zu bemühen. Im Gegenteil: Anspannung und verbissenes Wollen sind kontraproduktiv. Das Geheimnis liegt vielmehr darin, loszulassen, sich ganz hinzugeben an den Augenblick und zuzulassen, was immer auch geschieht.

Der Weg zur Glückseligkeit – eine Anleitung zum Meditieren

Suchen Sie sich zum Meditieren einen ruhigen Ort aus. Lärm ist wie ein Stachel im Seelengewebe, der die Konzentration stört.

So geht's:

► Wählen Sie sich ein Objekt, auf das Sie sich konzentrieren wollen. Dieses Meditationshilfsmittel kann ein Mantra sein (ein Klangwort, das berühmteste ist »om«), ein selbst gewähltes Wort (achten Sie auf einen erbaulichen, wohltuenden Inhalt; es eignen sich Wörter wie »Liebe« oder »Ruhe«), eine Blüte, die Flamme einer Kerze oder die Konzentration auf das so genannte Dritte Auge (damit wird die Stelle oberhalb der Nasenwurzel auf der Stirn zwischen den Augen bezeichnet). Probieren Sie aus, ob Sie besser mit geschlossenen oder offenen Augen meditieren können, danach richtet sich logischerweise auch die Auswahl des Hilfsobjekts.

► Die Körperhaltung ist wichtig. Wer den Lotossitz nicht beherrscht, setzt sich aufrecht auf einen Stuhl, die Wirbelsäule ist gerade, der Kopf leicht zur Brust geneigt (nicht im Liegen meditieren, denn dabei schlafen die meisten ein!). Die Hände liegen locker auf den Oberschenkeln.

Den Geist beruhigen, sich in seine innere Welt versenken – dies vermag die Meditation zu bewirken. Sorgen treten in den Hintergrund, Anspannungen lösen sich auf, alle Muskeln sind entspannt.

Wer lieber im Schneidersitz meditiert, kann sich auf ein kleines Kissen setzen; man wird nicht so schnell müde, wenn das Becken etwas höher gelagert ist als die Knie. Die Hände locker im Schoß ineinander legen.

► Entspannen Sie bewusst Ihre Muskeln (auch die Kiefermuskulatur!); schließen Sie die Augen. Die Spitze der Zunge liegt am Gaumen.

► Atmen Sie langsam und natürlich. Beim Ausatmen im Geiste das Hilfswort, das Mantra, wiederholen beziehungsweise den gewählten Gegenstand anschauen.

► Seien Sie ganz passiv. Machen Sie sich keine Sorgen, ob Sie alles richtig machen. Wenn Ihnen andere Gedanken in den Kopf kommen, lassen Sie sie weiterziehen – wie Wolken am Himmel. Konzentrieren Sie sich wieder auf Ihr Mantra/Wort/Objekt. Dies bringt die inneren Geräusche und Bilder zum Verstummen.

► 20 Minuten durchzuhalten ist meisterlich. Beginnen Sie lieber mit fünfminütigen Sitzungen und steigern Sie sich täglich um eine Minute.

► Zum Ende der Meditation Gedanken zurückkehren lassen, noch zwei Minuten still sitzen.

Chakra-Meditation – neue Kräfte fürs Energiesystem

Sich schnell regenerieren, sich fühlen wie neugeboren – die Chakra-Atmung lädt das Energiesystem wieder auf. Indem man sein Bewusstsein gezielt auf die Atmung lenkt, aktiviert man die Kraft des Positiven. Empfehlenswert ist es, sich vor der Meditation mit dem Sitz der Chakras (Energiezentren) im Körper vertraut zu machen (Seite 106). Es gibt insgesamt sieben, vom Wurzelzentrum im Beckenboden bis zum Scheitelzentrum am Oberkopf. Zwischen diesen beiden Chakras verläuft entlang der Wirbelsäule die *Sushumna*, eine Art Leitung, an die die Chakras angeschlossen sind und über die sie mit Lebenskraft versorgt werden. Durch diesen Sushumna-Kanal steigt *Kundalini*, die kosmische Schöpfungsenergie, auf.

Anleitung zur Chakra-Meditation

So geht's:

► Setzen Sie sich aufrecht mit geradem Rücken entspannt hin und schließen Sie die Augen.

Die richtige Meditationshaltung: Sie sitzen aufrecht auf einem Stuhl oder im Schneidersitz auf einem Kissen, der Rücken bleibt gerade, die Hände liegen locker im Schoß.

DER SITZ DER CHAKRAS

Über dem Wurzel-Chakra (1. Chakra, Beckenboden) befindet sich das Sakral-Chakra (2. Chakra, oberhalb der Genitalien), es folgen das Solarplexus-Chakra (3. Chakra, zwei Fingerbreit oberhalb des Nabels), das Herz-Chakra (4. Chakra, in der Mitte der Brust), das Hals-Chakra (5. Chakra, zwischen Halsgrube und Kehlkopf) sowie das Ajna- oder Stirn-Chakra (6. Chakra, auch Drittes Auge genannt). Es befindet sich ein Fingerbreit über der Nasenwurzel in der Mitte der Stirn. Am Scheitelzentrum sitzt das Kronen-Chakra (7. Chakra).

► Nach einigen Momenten der Stille durch die Nase gleichmäßig ein- und ausatmen. Stellen Sie sich vor, dass Sie beim Ein- und Ausatmen die Luft in die Chakras hineinziehen und beim Ausatmen wieder sanft herauslassen.
► Begonnen wird mit dem Wurzel-Chakra (Beckenboden). Lenken Sie Ihre Aufmerksamkeit ausschließlich auf diesen Bereich, atmen Sie sanft und ohne Hast hinein und lassen Sie die Prana-Energie (sanskrit *Prana* = Atem-, Lebensenergie) wieder entströmen. Führen Sie diese Übung etwa drei bis fünf Minuten durch und wandern dann zum nächsten Chakra, dem Sakral-Chakra.
► Beatmen Sie alle Chakras der Reihe nach jeweils drei bis fünf Minuten in dieser Weise, bis Sie das Kronen-Chakra erreicht haben. Wichtig ist, sich immer bewusst nur auf das entsprechende Energiezentrum zu konzentrieren. Stellen Sie sich die Chakras bildlich vor. Manchen hilft es, den Chakras Farben zu geben.
Folgende Farben sind ihnen zugeordnet:
- Wurzel-Chakra: feuerrot
- Sakral-Chakra: orange
- Solarplexus-Chakra: gelb bis goldgelb
- Herz-Chakra: grün
- Hals-Chakra: hellblau, auch rosa
- Ajna-Chakra (Drittes Auge): indigoblau
- Kronen-Chakra: violett bis strahlend weiß

Die Herzmeditation – für alles, was das Herz begehrt

Die Herzmeditation ist eine Übung, die den Zugang zu den Botschaften des Herzens öffnet, zu jenen, die meistens weggeschoben werden, weil der Kopf stärker ist als das Gefühl. Sie schult Intuition und bringt all die Gefühle hervor, die das Herz begehrt (Zuwendung, Offenheit, Zufriedenheit). Sie lernen, auf spirituelle Botschaften und Absichten des Herzens zu hören. Verdrängungen werden aufgelöst, indem man sie an die Oberfläche steigen lässt (*Katharsis*, Reinigung), und man hört dem Herzen unvoreingenommen zu (Bewusstwerdung).

Fröhlichkeit und Offenheit – Anleitung zur Herzmeditation

So geht's:

► Setzen Sie sich bequem und aufrecht hin; die Augen sind geschlossen. Konzentrieren Sie sich auf die Mitte der Brust, den Sitz des spirituellen Herzens. Machen Sie sich diese Region als einen Raum bewusst, in den Empfindungen ein- und aus dem sie wieder austreten. In seiner reinsten Form ist dieser Raum von zartem Licht erfüllt (weiß, golden, blassrosa oder zartblau, was immer Sie sehen, das Licht darf spielen) – es herrschen in ihm angenehme Leere, Schwerelosigkeit, Sorglosigkeit und Frieden. Versuchen Sie, keine der Vorstellungen zu erzwingen, lassen Sie sich auf die Empfindung ein, die sich bei Ihnen einstellt.
► Atmen Sie ruhig ein und aus und lassen Sie den Atem in Ihr Herzzentrum strömen. Während der Atem ein- und ausströmt, fordern Sie Ihr Herz auf, zu Ihnen zu sprechen. Wünschen Sie sich, dass alles Ausdruck findet, was Sie »auf dem Herzen haben«.
► Horchen Sie für fünf bis zehn Minuten auf diese Botschaften. Beunruhigen Sie sich nicht, was immer auch geschieht; auch wenn Sie laut seufzen müssen – ein Zeichen übrigens, dass sich Stressknoten lösen. Lassen Sie alles geschehen. Wie immer Ihr Herz zu Ihnen spricht – ob mit Freude und Jubel oder in Angst und Trauer –, es wird Ihnen in jedem Fall gut tun, Ihrem Herzen zuzuhören.

Knacken Sie Ihren Glückscode! Tipps und Tricks für den 7. Himmel

Don't worry, be happy? Seit den 80er-Jahren existiert ein regelrechter Run, dem Geheimnis des Glücks auf die Spur zu kommen. Unzählige Soziologen, Psychologen, selbst ernannte Glücksgurus und Philosophen forschen, wie das Glücklichsein leichter geht. Und anscheinend gibt es tatsächlich gewisse Spielregeln des Glücks. Studien belegen, dass Menschen, die täglich eine Zeit mit sich allein verbringen, sozialer, produktiver und glücklicher sind; dass Lachen – egal ob unabsichtlich oder forciert – das Glücksgefühl steigert; dass sensuelle Faktoren wie Farben, Musik und Düfte die Stimmung heben können.

Der Reality-Check – und keine Vergleiche!

Eine der wichtigsten Erkenntnisse ist jedoch: Die wahre Glücksquelle liegt in einem selbst und ist nur beschränkt von äußeren Faktoren und Umständen abhängig. Der Beweis: Laut zahlreicher Forschungen gibt es zwischen armen und reichen Menschen keine signifikanten Unterschiede im Glückserleben. Die meisten Menschen sabotieren ihr Glück mit falschen Erwartungen. Sie glauben, dass sie glücklicher wären, wenn sie die Million hätten, so schön wie ein Model wären, so erfolgreich wie die Exschulkameradin. Hier hilft allein ein Realitäts-Check. Woher will man wissen, dass all die genannten Projektionsvorbilder glücklicher sind als man selbst? Die Wahrheit ist – siehe oben: Besonders schöne oder reiche Menschen fühlen sich keinen Deut glücklicher als der Rest. Also: Machen Sie sich nicht unglücklicher, indem Sie vergleichen!

Fatalismus adieu!

Glücklichere Menschen gehen anders mit negativen Erlebnissen um als Fatalisten – lautet ein weiterer Schlüssel zum Glück. Sie bedauern nicht ihr böses Schicksal, sondern schauen nach vorne. Nicht ein verharrendes »Warum nur ich?«, sondern »Was tue ich jetzt?« ist ihre innere Haltung. Denn um glücklicher zu werden, sollte man nicht problemorientiert, sondern lösungsorientiert denken. Erledigen, was ansteht, und nicht Entscheidungen aufschieben und anhäufen.

Glücksmomente sammeln

Langfristiges Glück hängt von der Häufigkeit der Glückserlebnisse ab, nicht von deren Intensität – so die wohl netteste These der Glücksforscher. Denn sie bedeutet, dass man den vielen kleinen Glücksgefühlen tagtäglich einfach mehr Aufmerksamkeit schenken sollte: das Lächeln des hübschen Kollegen, das gelungene Soufflé, das Licht zur Blauen Stunde. Also, auf zum Sammeln! Und besser leben, indem man den täglichen Highlights wie ein Schmetterlingssammler auflauert.

Raus aus der Falle – ein paar Soforthilfen

Die wahre Glücks- oder Unglücksquelle liegt in einem selbst. Vielfach sabotiert man das eigene Glück. Die Klassiker, die dem Glück im Wege stehen: die Grübelfalle, die

Der sympathische Typ auf der Bank gegenüber hat Sie gerade angelächelt, das Nachbarskind hat Ihnen fröhlich zugewunken, der Busfahrer hat an der Haltestelle etwas länger gewartet als üblich ... Sammeln Sie solche Glücksmomente!

LACHEN SIE SICH GLÜCKLICH!

Kann man so etwas Lächerlichem wie dem Lachen Forschungen widmen? Sie werden lachen, man kann. Die Wissenschaft vom Lachen heißt Gelotologie (griech. *gelao* = ich lache) und beschäftigt sich mit den psychischen und physischen Auswirkungen des Lachens. Fest steht: Lachen reduziert die Produktion der Stresshormone Adrenalin und Cortisol, baut entsprechend Stress ab, setzt Endorphine (Glückshormone) frei, stärkt die Immunabwehr und fördert den Stoffwechsel, die Verdauung sowie das Herz-Kreislauf-System.

Und so paradox es klingt: Lachen kann trainiert werden. Wenn einem nicht danach zumute ist, heißt die Devise: *Fake it until you make it* – Tu's trotzdem, auch wenn es nicht »echt« ist. Einfach so grinsen, sich Comedies anschauen, mit Freunden albern, giggeln, blödeln und gackern. Der Effekt, selbst bei absichtlichem Lachen: Man überlistet sein Gehirn, das von entspannten Gesichtsmuskeln die Botschaft bekommt, dass man *happy* ist, und daraufhin Glückshormone ausschüttet.

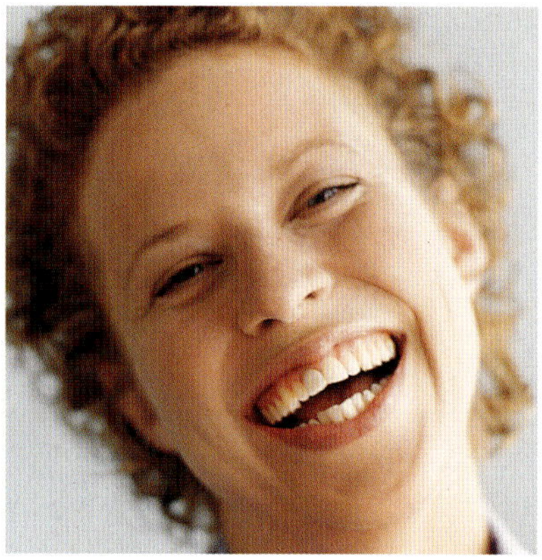

Abends To-Do-Listen für den nächsten Tag schreiben. Der Kopf wird frei, der Feierabend kann beginnen!

Glück auf: Lachen – ob echt oder mit Absicht – ruft durch Freisetzung von Endorphinen Glücksgefühle hervor.

Perfektionsfalle und die Time-Management-Falle. Hier ein paar Soforthilfen, wenn man sich in besonders gemeinen Psychofallen ertappt.

Glücklicher denken: raus aus der Grübelfalle

Die Gedanken fahren mal wieder Achterbahn, Selbstvorwürfe drehen sich im Kreis. Manager haben gegen diese Falle einen mentalen Trick: Immer wenn sich Grübelgedanken versuchen einzunisten, sofort »Stopp!« rufen. Und sich bewusst anderen Gedanken zuwenden. Stopp! ist der Ausschaltknopf, der einen bewahrt, noch tiefer ins Labyrinth des Zweifels vorzudringen.
Ausweg Nummer 2 ist eine Mentaltechnik für alle, die auf Visuelles stärker ansprechen: Die Augen schließen und sich jene Szene vorstellen, die einen bedrückt. Dieses Bild auf die Mattscheibe eines Fernsehers projizieren und das TV-Gerät im Geiste wegschieben. So oft wiederholen, bis das Bild verblasst.

Glücklicher leben: raus aus der Perfektionsfalle

Die Perfektionsfalle könnte eine Frau erfunden haben: Super erfolgreich im Job, die perfekte Mutter sein, die sensationelle Geliebte – und dabei noch blendend aussehen. Studien belegen, dass bei Berufstätigen die Angst, nicht perfekt zu sein, auf Platz 3 der Stress-Hitliste liegt. Da hilft nur: Inventur machen! Überprüfen, ob man die Latte zu hoch anlegt. Würde einem wegen eines einzigen Fehlers gleich gekündigt? Würde einen der Gatte verlassen, weil man die Nägel nicht manikürt hat? Und wäre das Kind weniger glücklich, wenn der Kuchen einmal gekauft und nicht selbst gebacken ist? Runter mit den Anforderungen und den hohen Erwartungen! Machen Sie sich eine Super-Gau-Liste, in der Sie die Worst-Case-Szenarien darlegen. Schreiben Sie dazu, was in der Vergangenheit an Konsequenzen wirklich passiert ist. Der Lerneffekt: Je länger die Liste wird, desto klarer ist, dass in den seltensten Fällen das Schlimmste eintritt.

Glücklicher arbeiten: raus aus der Zeitmanagement-Falle

Schon wieder einmal ein ausgeklügeltes Zeitmanagement-System gescheitert? Von der Realität überrumpelt worden? Gelbe Post-it-Zettel von Unerledigtem vermehren sich wie Fruchtfliegen? Willkommen in der Timing-Falle. Dagegen einige Techniken:

- Abends To-Do-Liste anfertigen und am nächsten Morgen Wichtigstes zuerst erledigen.
- Nein sagen lernen, besonders zu E-Mail, Handy und SMS, den größten Druckmachern.
- Verabschieden Sie sich von dem Diktat, immer erreichbar sein zu müssen. Es reichen drei feste Termine pro Tag.
- Nach 15 Uhr keine neuen Termine ansetzen, damit eine Pufferphase zum Arbeitsende hin entsteht.

- Die Zauberformel: 90 Minuten arbeiten, 10 Minuten Pause. Solche Zeitlöcher steigern die Leistungsfähigkeit um 60 Prozent!

Autosuggestion: Denken Sie sich glücklich!

Hochleistungsathleten tun es, Spitzenmanager tun es und alle Optimisten sowieso: Sie vertrauen auf die wunderbare Macht der Gedanken. Sie benutzen die Technik der Autosuggestion, der geistigen Selbstbeeinflussung, um die positiven Kräfte in sich zu mobilisieren. Diese Mentalmethode hilft, sich selbst auf etwas Erwünschtes hin zu programmieren, die eigenen Fähigkeiten und Verhaltensweisen zu optimieren. Unbewusst tun das die meisten Menschen sowieso – allerdings nicht immer zum Positiven. Wer sich Situationen und eigenem Verhalten ausgeliefert fühlt und sich innerlich einredet, bestimmte Dinge sowieso nicht zu erreichen, boykottiert sich damit selbst. Denn das Unterbewusstsein reagiert genau auf diese Botschaften, im Sinne einer sich selbst erfüllenden Prophezeiung. Wer glaubt, dass etwas schief geht, ist auf dem besten Weg dazu, dass dies auch eintrifft. Umgekehrt kann man die Macht positiver Gedanken aber auch für sich nutzen – und das Unbewusste dabei zu seiner Komplizin machen.

Wünsche erfüllen ... sich manchmal von selbst

Autosuggestion lässt sich in fast allen Bereichen des Lebens einsetzen. Stellen Sie eine Wunschliste auf, was Sie verändern möchten: abnehmen, mit dem Rauchen aufhören, regelmäßig Sport treiben, beruflich oder privat neue Wege gehen oder insgesamt selbstbewusster auftreten. Keine Angst, kein Wunsch ist zu gierig oder zu kitschig, als dass Sie ihn nicht haben dürften.

Schlüsselsätze fürs Unterbewusste: Formulierungshilfen

Weil das Unterbewusstsein nach gewissen Spielregeln funktioniert, muss man seine eigenen Suggestivformeln (Affirmationen) als Schlüsselsätze so formulieren, dass sie das Unbewusste auch begreift – und damit die Magie eine Chance hat. Einige Grundregeln:

- Formulieren Sie Ihr Ziel positiv! Die Worte »nicht« oder »nein« kann das Unbewusste nicht leiden und ignoriert sie. Wenn man also sagen würde »Ich will nicht wütend werden«, würde paradoxerweise genau das Gegenteil eintreten, man wird garantiert wütend. Besser sind Formulierungen wie »Ich bin ruhig und gelassen«.
- Sagen Sie sich die Affirmationen immer wieder selbst vor, laut oder leise. Damit machen Sie Ihr Unterbewusstsein glauben, dass Sie bereits auf dem bestem Wege zur Realisation und Materialisierung der Wünsche sind.
- Benutzen Sie die Affirmationen regelmäßig, beim Aufwachen und vor dem Einschlafen, in der Meditation. Oder in der Verquickung mit einer bestimmten Tätigkeit (zum Beispiel Zähneputzen). Das hilft, einen gewissen Automatismus zu schaffen, indem man umgekehrt an die Affirmationen denkt, wenn man beispielsweise Zähne putzt.
- Steigern kann man den Effekt der Affirmationen, indem man sie mit eigener Stimme (!) auf Band spricht und täglich zweimal abhört. Man programmiert sich sowieso ständig mental, mit der eigenen Stimme im Kopf.

Selbstbewusst durchs Leben

Mit dem Selbstbewusstsein scheint es ähnlich wie mit dem Mythos vom perfekten Busen. Alle anderen haben das große Los gezogen, nur man selbst nicht. Tatsache ist: Die richtige Sichtweise und ein paar Tricks polieren die Selbstachtung mehr auf als ein Wonderbra!

Eigenlob stimmt! Bauen Sie sich Ihre Glücksgalerie

Selbstakzeptanz ist die Basis des Selbstbewusstseins. Wer sich permanent kritisiert, nur die negativen Seiten an sich sieht und kein gutes Haar an sich lässt, bekommt nicht nur ein verzerrtes und somit falsches Bild von sich selbst, sondern beraubt sich mit seiner Nörgelei seines gesunden Egos. Schaffen Sie Abhilfe, bauen Sie sich Ihre eigene Glücksgalerie!

► Schreiben Sie auf, was Sie an sich mögen, worin Sie gut sind, was Sie besonders gut können. Ob banal oder ausgefuchst: Es ist Ihr Erfolgskatalog! Haben Sie eine gute Stimme, schöne Hände, können Sie gut organisieren, mit wenigen Mitteln die Wohnung dekorieren, Ihre Taille betonen, gut zuhören? Lesen Sie in dieser Liste, wenn Sie mal wieder einen Zwergentag haben, ja, solche Momente, in denen man sich klein, schrumpelig und doof fühlt.

► Führen Sie jeden Abend ein Erfolgstagebuch, in dem Sie die kleinen (und großen) Triumphe des Tages notieren. Und: hören Sie endlich auf, sich selbst zu beschimpfen! Ihr Unterbewusstes hört das und glaubt es am Ende noch.

► Stoppen Sie sich, wenn Sie Sätze vor sich hin murmeln wie »Ich dumme Kuh …«, »Na klasse, was bin ich doch für ein Loser …«. Und formulieren Sie versöhnlicher: »Dumm gelaufen, nächstes Mal mach ich's besser« Oder: »Macht nichts, einfach nicht mein Tag heute!« Seien Sie lieb zu sich! Schließlich sind Sie der glaubwürdigste Mensch, den Sie kennen.

Mehr Selbstbewusstsein durch klare Grenzen

Selbstbewusst zu sein heißt zu wissen, was gut für einen selbst ist, sich selbst zu kennen (sich seiner selbst bewusst zu sein). Wer mit sich in Kontakt ist, die Sicherheit in sich selbst sucht und nicht im Außen, weiß ziemlich genau, wann es Zeit ist, Grenzen zu ziehen. Indem Sie zu Ihrem eigenen Wohl – man nennt das auch gesunden Egoismus – auch mal nein sagen und sich damit zeigen, dass Sie sich respektieren und diesen Respekt wert sind, möbeln Sie Ihr Selbstwertgefühl auf. Der Beginner-Satz für Schüchterne, denen das N-Wort noch nicht leicht über die Lippen kommt und die vor schlechtem Gewissen geplagt werden: »Ich überlege es mir.«

Fünf charmante Arten, nein zu sagen

Aber auch Fortgeschrittene haben manchmal Mühe mit dem Nein-Sagen. Aus einem Harmoniebedürfnis heraus, aus Angst, nicht gemocht zu werden, zu enttäuschen, aus Angst vor negativen Folgen. Oder weil es das eigene Ego, das Selbstbild, stört (als treue Freundin, gute Mutter, phantasievolle Geliebte), fällt es häufig schwer, eine Bitte abzuschlagen. Doch überlegen Sie sich vorher: Wie hoch ist der Preis, wenn ich jetzt ja sage? Richtig. In den meisten Fällen viel zu hoch. Dabei gibt es ganz charmante Arten, nein zu sagen:

► **Das Verweigerungs-Nö, taktisch vorbereitet:** Ihnen schwant, dass Sie bald eine Kröte schlucken sollen;

Manchmal ist es nötig, nein zu sagen und deutliche Grenzen zu ziehen. Der Effekt: Sie gewinnen dadurch mehr Freiheit, Selbstbewusstsein und Respekt.

die neugierige Kollegin will mit Ihnen in die Kantine, der deoverweigernde, müffelnde Bekannte lädt sich selbst zur Mitfahrt in Ihrem Auto ein, die Kindergärtnerin will Sie zu einer Mütter-Bastelstunde überreden. Sorgen Sie vor. Mit Sätzen wie: »Ich habe das schon xy versprochen und will sie nicht enttäuschen«, »Sorry, aber mein Auto ist voller Sperrmüll/Kinder/anderer Fahrgäste«; »Schade, aber ich habe zwei linke Hände, ich kann leider nicht mitbasteln!«

► **Die Profimethode:** Gesetzt den Fall, Ihr semi-super, medium-sympathischer Chef lädt Sie zum Essen ein. Und Sie befürchten Unaussprechliches. Die Antwort: »Danke für die Einladung, aber ich habe es mir zur Regel gemacht, Privates und Beruf strikt zu trennen.«

► **Die Ich-habe-ein Problem-Methode:** Jemand, den Sie nicht mögen, bietet Ihnen das Du an. Das charmante Nein: »Sehr schmeichelhaft, aber ich tu mich mit dem Duzen generell ungeheuer schwer. Ich fühle mich beim Sie viel wohler. Belassen wir es doch dabei.«

► **Die Abschreckmethode:** Jemand möchte etwas, das Ihnen zu viel verlangt scheint (zum Beispiel eine lockere Bekannte, die mit Ihnen den lang ersehnten Urlaub verbringen möchte). Der magische Satz: »Das kann ich dir nicht antun. Auf Reisen bin ich irre zickig und kompliziert. Schließlich möchte ich doch auch weiterhin mit dir befreundet bleiben.«

► **Das versüßte Abschmettern:** Ein aufdringlicher Verehrer, der Ex oder sonstige emotionale Nervensägen wollen zum x-ten Mal ausgehen, Aussprachen, Annäherungsversuche. Das Nein per Kompliment: »Du bist so ein kluger, gut aussehender, großartiger Typ – aber wir passen einfach nicht zusammen!«

Mehr gute Laune, mehr Farbe und Licht ins Leben

Neugierig auf Neues? Lust am Experimentieren? Experten setzen auf Licht und Farbe für Fröhlichkeit und Unbeschwertheit. Wem die Theorie zu grau ist: ausprobieren!

Die Seele aufhellen

Blues oder Bliss, depressive Verstimmung oder Glückseligkeit – das kann manchmal eine Frage der Lux- und Wattzahlen sein. Denn Licht brauchen wir so notwendig wie Luft und Liebe. Ein Lichtmangel kann erwiesenermaßen müde machen, antriebslos und schlaff, er kann sogar zu Depressionen führen. Man spricht dann von SAD, saisonal abhängiger Depression. Das einleuchtende Rezept dagegen: mehr Lux ins Leben! Denn bei Dunkelheit produziert der Organismus müde machendes Melatonin. Bei genügend Licht jedoch werden die Happy-Hormone Serotonin und Noradrenalin produziert.
Wer ernstlich unter winterlichem Lichtmangel leidet, kann sich beim Arzt einer speziellen Lichttherapie unterziehen. Unter hochintensiven Lampen mit künstlichem Licht wird über ein paar Tage oder Wochen hinweg täglich 30 Minuten bis zwei Stunden regelrecht gebadet. Wichtiger als die Dauer der Sonnenbestrahlung ist die Intensität der Helligkeit. Das vegetative System springt bei etwa 2500 Lux an. Täglich zwei Stunden davon (oder 30 Minuten bei 10 000 Lux wie in der ärztlichen Therapie) braucht der Körper für seine Hormontransaktion.

Lichtblickrezepte

Man kann aber auch selbst einiges für seine eigene ausreichende Lichtversorgung tun:

- Täglich eine Stunde **spazieren gehen;** entweder morgens, wenn das visuelle System besonders empfindlich ist (gut für Blauäugige, die besonders empfänglich sind), oder mittags, wenn die Sonne am höchsten steht.
- Alternativ helfen **Tageslichtleuchten** beziehungsweise SAD-Lampen (in jedem Lampengeschäft zu bekommen). Man kann sie neben den Computer stellen oder dort platzieren, wo man sich die meiste Zeit aufhält. Mit einem Tageslichtspektrum liefern sie 2500 oder 10 000 Lux. Die normale Raumbeleuchtung beträgt im Schnitt hingegen nur 500 Lux.
- **Johanniskraut** (als Dragees in Drogerie und Apotheke erhältlich) hilft geizige Lichtspenden der Natur besser zu nutzen (900 Milligramm täglich). Vorsicht allerdings im Sommer: Das Kräutlein macht die Haut in der Tat so lichtempfindlich, dass man leichter einen Sonnenbrand bekommt.

Treiben Sie es bunt!

Nicht nur Licht, auch Farbe wirkt sich positiv auf unsere Stimmung aus. Farbiges Badewasser, bunte Bodylotion, Farblicht in der Sauna, Hotelzimmer mit wechselnder Beleuchtung – die Fantasie der Wellness-Anbieter scheint unbegrenzt. Ob Farben in Kosmetik & Co. tatsächlich das Wohlbefinden verbessern, darüber debattiert man noch. Sicher ist hingegen, dass die Kraft der Farben Auswirkungen auf unseren Organismus und die Seele hat: So wirken Farben mit längerer Wellenlänge wie strahlendes Rot, Orange oder Gelb anregender als dunklere Farben mit kürzeren Wellenlängen.

Farben beeinflussen unsere Stimmung positiv. Bunt-leuchtende Blumen sorgen in der heimischen Wohlfühloase für gute Laune.

Tipps und Tricks – in Farbe!

Das kleine Schwarze – Aussagekraft der Kleidungsfarbe

Farben, hautnah getragen, können die eigene Stimmung beeinflussen. Und die Wirkung auf andere.

► **Schwarz** blockt Energie, steht für bedrückende Gefühle. Tragen Sie nicht so oft schwarz, auch wenn Sie der Meinung sind, es wirke elegant. Besonders nicht an trüben Tagen, wenn die Seele Aufmunterung braucht. Helle Farben heben die Stimmung.

► Triumphierendes **Signalrot** macht energiegeladen.

► **Gelb** ist die Farbe der Sieger. Und: Gelb fördert eine positive mentale Einstellung.

► Wenn Sie einen wichtigen Termin haben (Gehaltsverhandlung, Kundengespräch), tragen Sie **Dunkelblau;** die Farbe steigert nicht nur die eigene Konzentrationsfähigkeit, sondern wirkt auf andere Vertrauen erweckend.

Farbspiele: Accessoires

Spielen Sie mit Farben in Ihrer Umgebung. Mit Fotos, Bildern, Wohnaccessoires wie Vasen, Blumen und Decken.

► **Rot** regt die Selbstheilungskräfte an, powert die Vitalität, macht nervöse Naturen aber manchmal aggressiv.

► Wer zu Nervosität neigt, sollte lieber **Gelb** wählen, die Farbe der Fröhlichkeit, Leichtigkeit und des energischen Optimismus (gelbes Pinboard beim Arbeiten!).

► **Grün** harmonisiert, deshalb viele Pflanzen in die Wohnung holen. Und öfter raus in die Natur!

Mancher versäumt das kleine Glück,
während er vergeblich
auf das große wartet.

Pearl S. Buck

Extras vom Spezialisten: Von Aura-Soma bis Kinesiologie

Wer sich auf der Suche nach dem Glück von Fachleuten unterstützen lassen will, sollte es einmal mit Aura-Soma oder mit der Kinesiologie versuchen – je nach persönlicher Vorliebe. Aura-Soma setzt auf die Kraft der Farben; Kinesiologie, ein alternativer Zweig der Medizin, baut auf die Selbsterneuerungskräfte des Menschen. Beide haben dasselbe Ziel: zu mehr Lebensfreude zu verhelfen.

Farbtherapie Aura-Soma

Sie ist eine Art Zwischending zwischen spirituellem Kaffeesatzlesen und der Umsetzung von Goethes Farbenlehre: die Aura-Soma-Therapie (lat. *aura* = Hauch, griech. *soma* = Körper).

Ein Arsenal flüssiger Leucht- und Wirkkraft

Weil der Körper aus lebenden Farben und energetischer Ausstrahlung bestehe, so die Erfinderin Vicky Wall (1918–1991), sei Aura-Soma »der Spiegel der Seele«. Die spezielle Farbtherapie der britischen Apothekerin soll dem Menschen dabei helfen, Körper, Geist und Seele in Balance zu bringen.
Ästhetisch ist das Procedere auf jeden Fall ein Hit. In über 100 durchnummerierten, eckigen Fläschchen befinden sich verschiedene in Wasser und Öl gelöste Substanzen: Düfte, Pflanzenfarben und -essenzen, Aromaöle und Edelsteinelixiere; jeweils zwei Farben liegen übereinander.
Den magischen *messages in a bottle* werden bestimmte Eigenschaften zugeschrieben, die sich aus der Farbpsychologie ergeben. Die eine Farbe wirkt beruhigend, die andere eher energetisierend usw.

Das magische Quartett

Mit Hilfe eines ausgebildeten Farbtherapeuten, zumeist ein Heilpraktiker mit einer Zusatzausbildung, sucht man sich seine vier Lieblingstoniken aus. Diese eigenverantwortliche Auswahl beim Aura-Soma-Berater (das so genannte *Reading*) ist der wichtigste Punkt der Aura-Soma-Therapie.
Das erste der vier Farbfläschchen soll das Potential zeigen, das in einem steckt, das zweite die zu meisternden Herausforderungen. Das dritte verdeutlicht die gegenwärtige Situation. Das vierte weist auf die Energie und Chancen der Zukunft hin. Oftmals erhält man vom Therapeuten spezielle Affirmationen, passend zum jeweiligen Öl. So lautet die Affirmation zum Öl Nr. 0 (Königsblau über Tiefmagenta), das beruhigend wirken soll: »Ich fühle mich beschützt und geistig geborgen, wie in einen tiefblauen Mantel gehüllt.«

Die Anwendung zu Hause

Zu Hause kann man dann auf unterschiedliche Weise die Aura-Soma-Farböle verwenden. Man stellt sich die vier gewählten alchimistischen Mixturen beispielsweise auf den Schreibtisch, ins Bad oder neben das Bett. Und benutzt den Inhalt, wenn einem danach ist: Man schüttelt die bunten Fläschchen auf (immer mit der linken Hand!), verreibt ein

Aus über 100 Fläschchen und Farbkombinationen trifft man bei der Aura-Soma-Farbtherapie seine persönliche Wahl.

Das Öl Nr. 84, Rosa über Rot, soll zum Beispiel harmonisierend wirken.

wenig der Essenz zwischen den Händen, streichelt seine Aura und bestimmte Körperstellen damit und atmet den Duft bewusst ein, sagt sich Affirmationen laut vor. Zur Verstärkung der Wirkkraft der Aura-Soma-Öle gibt der Therapeut häufig auch noch zusätzlich Meditationsvorschläge.

Anti-Stress-Formel Kinesiologie

Energieproblemen umfassender Natur widmet sich die Kinesiologie (Lehre von der Bewegung, griech. *kin* = Bewegung). Dieser alternative Zweig der Medizin versteht sich als sanfte, ganzheitliche Heilmethode, die neuestes medizinisches Wissen mit jahrtausendealten Erfahrungen und Erkenntnissen verbindet. Eine kinesiologische Therapie bietet sich unter anderem bei den typischen, durch Stress hervorgerufenen Problemen an – wie zum Beispiel bei Lustlosigkeit, Überforderung, Niedergeschlagenheit oder Schlafstörungen.

Das Stärkende stärken

Die Kinesiologie zielt darauf ab, das Energieniveau des Organismus anzuheben, die Selbstheilungskräfte zu stärken und somit letztlich zu mehr Lebensfreude zu verhelfen. Das Stärkende soll mit ihrer Hilfe gesucht, das Schwächende gemieden werden. Als schwächend gelten zum Beispiel negative Denkmuster, eine ungesunde Ernährung, Bewegungsmangel oder ein unausgeglichenes Leben. Die Kinesiologie stützt sich auf die chinesische Energielehre, wonach die körperliche, geistige und seelische Gesundheit vom freien Fluss der Lebensenergie *Chi* abhängt. Blockaden, ob psychisch oder physisch, können demnach zu Störungen und Krankheiten führen.

Der Muskeltest – Diagnose und Therapie

Der kinesiologische Therapeut kombiniert verschiedene Methoden miteinander – etwa Massage, Akupressur, Homöopathie, Bach-Blüten und Visualisierungstechniken. Typisch kinesiologisch: Der Therapeut bedient sich sowohl für Diagnose als auch zur Therapie eines speziellen Muskeltests. Er nutzt die Muskeln dabei als Messinstrument; die Muskelreaktion zeigt nämlich, ob wir gestresst oder entspannt sind. Damit kann er beispielsweise die Bekömmlichkeit von Bach-Blüten austesten. Als Indikator dient der Deltamuskel im Oberarm. Der Klient hält das jeweilige Bach-Blütenfläschchen in der rechten Hand und streckt zugleich den Arm aus. Der Therapeut versucht, den Arm herunterzudrücken. Schwächelt der Muskel und der Arm fällt, hat sich das Medikament als Stressor, als negative Kraft geoutet. Bleibt der Arm stark, wird es für heilend und gut befunden. (Machen Sie den Test spaßeshalber einmal mit Zigaretten oder Zucker; die Hand, die die Zigarette hält, wird schwach und der Arm senkt sich.) Kleiner kinesiologischer Tipp, der Energie bringt und für den man keinen Therapeuten braucht: Öfter mal den Bereich der Thymusdrüse (hinter dem Brustbein) klopfen; sie gilt als Steuerungszentrale für den Energiefluss der Meridiane.

Die 10 Gebote für Glückskekse

1 Das Ego bescheiden

Oberste Glücksregel: Sie sollten sich selber zwar ernst, aber nicht so wichtig nehmen. Wenn Sie zwei Kollegen sehen, die miteinander schwatzen, und das Gefühl haben, man tuschle über Sie: Glückwunsch! Dann sind Sie auf dem besten Weg in eine Paranoia. Wahrscheinlich reden die beiden über das Kantinengulasch.

2 Gute Zeiten, schlechte Zeiten

Wer sich nicht selbst im Weg stehen möchte, achtet auf sein Bodytiming. Denn: Mit dem natürlichen Biorhythmus zu surfen macht das Leben leichter. Die Gezeiten:

- 10–12 Uhr: Konzentration und Kurzzeitgedächtnis, Sprach- und Denkfähigkeit sind in Bestform; ideale Zeit für wichtige Entscheidungen.
- 12–13 Uhr: Der Magen produziert viel Säure – Energie aufnehmen!
- 13–14 Uhr: Der Kreislauf ist auf Sparflamme. Routinearbeiten erledigen.
- 14–15.30 Uhr: Die Leistung steigt langsam wieder an.
- 15.30–18 Uhr: High Afternoon. 100 Prozent Energie. Alles geht mit links.
- Ab 18 Uhr: Die Körpertemperatur sinkt – relaxen ist angesagt.

3 Luft holen zum Krafttanken

Ein Energiehäppchen reinster Qi-Gong-Atmung. Augen zu und Konzentration: Beim Einatmen Zunge hinter die oberen Schneidezähne legen und sich vorstellen, wie neue Kraft in den Körper fließt. Beim Ausatmen Zunge hinter die untere Zahnreihe und nachspüren, wie die Müdigkeit den Körper durch den Mund verlässt. Ein paar Minuten auf diese Weise atmen.

4 Kritik umwerten

Kritik ist oft nichts anderes als ein unglücklich ausgedrückter Wunsch des Kritisierenden. Wer Kritik so umwertet, schlägt dem Beleidigtsein ein Schnippchen.

5 Es nehmen, wie es ist

Viele Menschen stürzen sich wie Lemminge in den Abgrund, indem sie die Dinge nicht so nehmen wollen, wie sie sind. Hier greift die alte Hollywood-Business-Regel: *Take it, change it or leave it.* Wenn du etwas nicht ändern kannst, nimm es an – oder lasse komplett los!

Energie-Eimerchen füllen

Achten Sie darauf, dass Ihre Energie-Eimerchen nicht leer werden: das spirituelle, das mentale und das emotionale. Machen Sie sich eine Liste von 15 Dingen, die Ihnen Energie geben im Sinne echten Selbstverwöhnens, und tun Sie jeden Tag eine Sache davon: einen Kitschroman lesen, zur Pediküre gehen, beim Lieblingsinder Essen bestellen. Reduzieren Sie zugleich die Dinge, die Sie ermüden. Falls das unmöglich ist: Hören Sie auf, sich darüber aufzuregen.

Miese Gefühle verscheuchen

Ein genialer Trick, um emotionalen Stress schnell abzubauen: Massieren Sie bei Kummer und sonstigen Gefühlsscheußlichkeiten mit beiden Händen Ihre Stirnbeinhöcker unterhalb der Haarlinie. Die somit angesprochenen Reflexpunkte senden ein Signal ans Nervensystem. Daraufhin wird die Durchblutung jenes Teils des Gehirns gefördert, der für rationales Denken, Logik und bewusstes Überlegen zuständig ist. Dadurch wird das emotionale Empfinden überlagert; es fällt leichter, Denk- und Verhaltensmuster zu ändern.

Verbale NoNos

Misten Sie Ihren Wortschatz aus. Sätze wie »Ich sollte ...«, »Ich müsste eigentlich ...«, gehören auf den Sprachsondermüll. Ersetzen Sie sie durch »Ich möchte ...«, »Ich will ...«.

Step by Step

Die intelligenteste Art, sich an ein schwieriges Projekt zu wagen: Machen Sie Babyschritte. Kleinere Einheiten sind leichter zu schaffen. Und: Belohnen Sie sich für (Abschnitts-)Erfolge!

DD-Zeit

Nehmen Sie sich täglich eine halbe Stunde DD-Zeit, ein Zeitfenster, das fürs Däumchendrehen reserviert ist. Egal, ob Sie diese Minuten als Puffer oder Reservebonus im Job nutzen oder Löcher in die Luft gucken – der psychologische Effekt: Man bekommt dadurch das Gefühl, die Kontrolle zu haben und nicht Opfer zu sein.

WellHarmony

Entspannung und Balance

Die Zeit anhalten, loslassen, seine innere Mitte finden. Ob Wohlfühlmassagen, Wannenwonnen oder Prinzessinnenschlaf: Effektive Anti-Stress-Strategien helfen, Körper, Geist und Seele wieder in Gleichklang zu bringen.

Nehmen Sie den Druck raus! Strategien zum Entstressen

Die gute Nachricht zuerst: Frauen bewältigen Stress besser als Männer. Frauen haben nämlich dem evolutionären *Fight-or-Flight-Symptom* (Angriff oder Flucht), einer angeborenen Notfallreaktion des Körpers bei Stress, etwas entgegenzusetzen. Forscher nennen es die *Tend and Befriend*-Haltung. Das heißt: Der innere Konflikt zwischen Flucht oder Angriff, den akuter Stress auslöst, wird durch eine biologische weibliche Besonderheit, grob übersetzt ein Zuneigungs- und Freundschaftskonzept, relativiert.

TIPP

KURIOS, ABER WAHR: STRESS MACHT DICK

Zu viel Stress macht nicht nur Falten, sondern auch dick! Der Auslöser, so haben amerikanische Wissenschaftler festgestellt, ist das Stresshormon Cortisol. Je mehr Cortisol ausgeschüttet wird, desto üppiger wächst der Bauchspeck. Diese Prinzessinnenrolle legt der Organismus als Energiereserve an. Menschen mit konstant hohem Stress nehmen in sechs Jahren rund zehn Kilogramm zu. Abgesehen vom ästhetischen Faktor, erhöhen Stress-Speck-Sammler damit ihr Risiko, an Diabetes, Bluthochdruck oder Herzleiden zu erkranken, um ein Vielfaches.

Frauen suchen tendenziell nicht vor (imaginären) Tigern das Weite oder legen sich mit keulenschwingenden Feinden an (so wie unsere Vorfahren, von denen wir diesen Überlebensmechanismus geerbt haben), sondern sie »zähmen« brenzlige Situationen mit sozialem Verhalten wie Reden, Vertrauen-Erwecken, Angst-Nehmen, Sich-Kümmern, Gemeinsamkeiten-Suchen und Zusammenarbeiten. Verantwortlich unter anderem dafür ist anscheinend das Hormon Oxytocin, ein Stimmungsregulativ, das vermehrt beim Orgasmus, aber auch während Wehen und Geburt gebildet wird. Während das weibliche Hormon Östrogen diese Wirkung erhöht, schwächt das männliche Hormon Testosteron offenbar den Effekt.

Und jetzt die weniger gute Nachricht. Frauen arbeiten rund ein Drittel mehr als ihre Männer. Die Folge: Stresshormone wie Cortisol werden am Abend und am Wochenende langsamer abgebaut. Und das ist nicht gut so. Was tun? Das Leben ent-stressen!

Kick oder Killer: Positive und negative Auswirkungen von Stress

Stress kann cool sein. Der plötzliche Adrenalinkick kann high machen. Wenn er kommt, durchzuckt einen ein hormonelles Gewitter. Der Puls pocht bis in die Haarwurzeln, man bekommt feuchte Hände und Atemnot (körperliches Signal zum Angriff oder Abhauen). Stress stimuliert Körper und Geist, das hat die Natur so angelegt. Akuter Stress gibt Impulse fürs Immunsystem; er bringt die körpereigene Abwehr auf Hochtouren (zum Beispiel gegen Infektionen) – ein ständiges Training für den Ernstfall.

Stress kann aber auch der Killer sein. Die Weltgesundheitsorganisation hält ihn für die große Plage des 21. Jahrhunderts. Die verschärften Anforderungen in einer Hoch-

Eine einfache Strategie zum Downspeeding: Nehmen Sie jeden Schritt bewusst wahr – wenn Sie beispielsweise Obst essen. Fühlen Sie die Frucht, atmen Sie ihren Duft ein, bevor Sie hineinbeißen und das knackige Fruchtfleisch genießen.

leistungsgesellschaft schaffen ständige Aufregung, den dauerhaften Angriff-oder-Flucht-Ernstfall. Die dunkle Seite des Impulsgebers Stress sind chronische Erschöpfung, Angst, Depressionen, Schlafstörungen und Langzeiterkrankungen.

Strategien zum »Downspeeding«

Weil die Natur das Angriff-oder-Flucht-Symptom eigentlich für nur wenige Gefahrensekunden erfunden hat und nicht für 80 Jahre am Stück (so die durchschnittliche Lebenserwartung westlicher Frauen), erfordern moderne Zeiten moderne Anti-Stress-Strategien. Das Zauberwort: *Downspeeding*, das Leben entschleunigen, den Druck rausnehmen. Und das beginnt im Kopf. Fakt ist, dass Frauen mit Superwoman-Syndrom, die in allem perfekt sein wollen, in einer Höher-Schneller-Weiter-Welt den Blick für die Prioritäten verlieren. Lust- und genussvoll, glücksbringend und erfüllend ist es sicher nicht, wenn man es schafft, mit einer Stunde weniger Schlaf auszukommen, als die eigenen Eltern es noch taten, und Duschen-anziehen-essen doppelt so schnell zu absolvieren wie die Menschen vor 30 Jahren.

Sich Ich-Zeiten nehmen

Es sind die kleinen Techniken, die beim Entstressen greifen, frei nach dem japanischen Sprichwort »Wenn du es eilig hast, mach' einen Umweg«. Also zum Beispiel jeden Tag eine angemessene Ich-Zeit einplanen. Ob zehn Minuten oder eine Dreiviertelstunde: Nichtstun schärft die Sinne! Wenn das Hirn nicht auf Effizienz und Zwangs-Output geschaltet wird, profitieren Aufmerksamkeit, Genussfähigkeit und Kreativität. So wird bewusste Langeweile zur Power-Pause, weil die Sinne plötzlich wieder funktionieren und der Kopf Ideen produziert wie von selbst.

Die Magie des Moments erleben

Innehalten lohnt immer: Durchatmen und bis zehn zählen, wenn einem jemand den Parkplatz wegschnappt. Oder sich öfter am Tag rein auf den Moment konzentrieren. Beispiel Händewaschen: Nehmen Sie jeden Schritt bewusst wahr. Wassertemperatur, Schaumkonsistenz und Duft der Seife, Abspülen, Trocknen. Die Konzentration auf eine Sache blendet störende Gedanken und ungute Gefühle aus. Weil der Geist sich immer nur auf eine Sache focussieren kann, erfrischt eine Zeit ungeteilter Aufmerksamkeit bemerkenswert schnell. Und sei die Tätigkeit so unbedeutsam wie Händewaschen. Der Effekt: Stressabbau. Nach diesem Prinzip funktionieren übrigens auch Gehmeditationen. Langsamer gehen, wenn man es eilig hat, jeden Schritt bewusst tun und mitfühlen. Je öfter man sich achtsam nur auf den Moment seines Tuns konzentriert, desto mehr fühlt man sich in seiner Mitte, desto freier und stressfreier lebt man.

Traumhaft loslassen – im Schlaf

Die unschlagbarste Wellness-Droge ist der Schlaf. Wer sich pro Nacht auch nur einer Stunde beraubt, gefährdet nicht nur seine Stimmungen und sein Gewicht (Seite 124), sondern auch die Gesundheit. Denn Schlafmangel ist per se ein Stressfaktor. Durch Schlafmangel wird das Stresshormon Cortisol vermehrt ausgeschüttet, es versetzt Organismus und Seele in dauernde Alarmbereitschaft. So entsteht leicht ein Teufelskreis. Weil man gestresst ist, kann man nicht einschlafen. Das Ergebnis: weniger Schlaf, was wiederum mehr Stress schafft.

Das Ambiente muss stimmen

Grundbedingungen für guten Schlaf sind eine kühle Raumtemperatur (15–18 Grad) und frische Luft. Ebenfalls wichtig: totale Ruhe, also im Zweifelsfall Ohropax benutzen. Sogar ein Weckerticken von 30 dB ist zu laut und kann den Schlaf stören. Eine weitere Voraussetzung für erholsame Nächte ist absolute Dunkelheit. Ziehen Sie die Jalousien runter, setzen Sie notfalls eine Schlafbrille auf.

Schlummertipps für Ausgeschlafene

Erste Regel für guten Schlaf: Im Schlafzimmer ist nur Platz für zwei. Schlaf. Und Sex. Fernsehen, Lesen, Futtern usw. sind tabu. Sex ist sowieso Sieger unter den Entspannungsritualen. Weil beim Sex die Körpertemperatur zunächst steigt und dann abfällt und indem das Relax-Hormon Endorphin ausgeschüttet wird, befriedet er Leib und Seele. Außerdem braucht der Organismus, um gesund zu bleiben, feste Einschlaf- und Aufwachzeiten. Wer unter chronischem Schlafmangel leidet, sollte jeweils wochenweise 30 Minuten früher zu Bett gehen. Ebenfalls erwiesen ist, dass Alkohol die Tiefschlafphasen stört; ein bis zwei Glas Wein vorm Zubettgehen sind genug.

Und wenn dies alles noch nichts hilft: Vor dem Schlafengehen ein heißes Bad nehmen. Es reduziert das Stresshormon Adrenalin. Außerdem wirksam sind sanfte Schlummercocktails, zum Beispiel ein paar Baldriantropfen in lauwarmem Wasser, Lindenblütentee (Apotheke), ayurvedischer Vata-Tee (Reformhaus) oder in Wasser aufgelöste Mineraltabletten: Magnesium ist magischer Stresslöser, Kalzium beeinflusst unter anderem Stimmungen positiv und wird in Amerika auch *Lullaby-Tablet*, Schlummerlied-Tablette, genannt.

Schön und jung im Schlaf

Schlaf ist nicht nur erholsam, Schlaf macht auch jung und schön. Denn nachts läuft ein einzigartiges Anti-Aging-Programm im Organismus ab, körpereigene Repair-Mechanismen laufen auf Hochtouren. Nach neuen Untersuchungen erholt sich zum Beispiel die Haut eine halbe Stunde vor Mitternacht besonders intensiv; die Zellen erneuern sich achtmal schneller als tagsüber. Circa eine Stunde nach dem Einschlummern läuft ein rund 45-minütiges Erneuerungsprogramm ab, das auch der Seele gut tut. In der Traumphase, auch REM (*Rapid Eye Movement* = schnelle Augenbewegung) genannt, werden die Erlebnisse des vergangenen Tages verarbeitet. Indem die Augen lebhaft das Traumkino verfolgen (und sich deshalb bewegen), werden Erfahrungen vom Kurz- ins Langzeitgedächtnis gespeichert. Interessanterweise ist Schlafen kein passiver Prozess, sondern ein höchst produktiver, ein unbewusst ablaufendes Wellensurfen. Jede Welle besteht aus

Erwiesenermaßen wirkt auch ein Nickerchen zwischendurch von 10 bis 20 Minuten höchst belebend. Eine unschlagbare Instant-Erfrischung!

Leichtschlaf-, Tiefschlaf- und Traumphase und dauert zwischen ein und zwei Stunden. Die meisten Menschen fühlen sich fit, wenn sie vier komplette Zyklen verschlafen, also etwa acht Stunden.

Melatonin – Hüterin der Nacht

Ebenso wichtig wie die Quantität, die ausreichende Dauer, ist die Qualität des Schlafs. Entscheidend ist die Tiefschlafphase. Denn während der Tiefschlafphase bildet der Organismus seine Tagesdosis an dem Wachstumshormon HGH *(Human Growth Hormone)*, das Muskeln auf- und Fett abbaut und als Königin unter den Anti-Aging-Hormonen gefeiert wird (Seite 96). Außerdem werden Power-Hormone wie ATP (Adenosin Triphosphat) produziert sowie Energiemoleküle, die Denken und Bewegung anschubsen. Eine Schlüsselrolle spielt Melatonin, die Hüterin der Nacht. Es vertieft die Träume, verbessert Schlaf- und somit Regenerationsqualität der Körperzellen. Das Superhormon, das bei Dunkelheit gebildet wird, beeinflusst die Bildung aller anderen Hormone.

Bubu-Massage für guten Schlaf

Wer Einschlafprobleme hat, sollte vorm Zubettgehen eine Gesichtsmassage ausprobieren. So geht's: Geben Sie ein wenig Nachtcreme oder Gesichtsöl auf die Ringfingerspitzen und massieren Sie folgende Tsubos (Energiepunkte) mit kreisenden Bewegungen: das Dritte Auge in der Stirnmitte, die Augenbrauenbögen, die Schläfen, die Vertiefungen an den Nasenflügeln, das Kinngrübchen, die Mundwinkel und wieder zurück zu den Schläfen. Wiederholen Sie diese Massage dreimal und steigern Sie den Druck dabei sanft. Auf diese Weise entspannt, können Sie problemlos einschlafen.

TIPP

BESSER SCHLAFEN DANK MELATONIN

So können Sie die Eigenproduktion des Schlafhormons anregen: abends wenig essen, dunkel schlafen und früh, möglichst zwischen 22 und 23 Uhr, ins Bett gehen.

1

2

Wannenwonnen zum Relaxen

Warmes Wasser lockert die Muskeln, vertieft die Atmung und lässt Alltagsnervereien baden gehen. In vielen Kulturen dienen Wannenwonnen nicht nur der äußeren Reinigung. Baden versetzt Körper und Seele in einen Schwebezustand. Dass Baden sogar depressive Verstimmungen wegspült, ist wissenschaftlich nachgewiesen. Nach 30 Minuten Wannenwonnen lassen Nervosität, Aggression und Melancholie merklich nach.

Badeoase, ganz privat

Immer mehr Frauen entdecken das Bad als eine Oase der Selbsterneuerung. Damit auch Ihr Bad zum Wohlfühl-Ashram wird: Duftkerzen aufstellen, Blütenblätter ins Wasser geben, kuschelige Handtücher und den flauschigen Bademantel bereitlegen, ein Handtuch als Badekissen unter dem Nacken zusammenrollen. Solche und viele andere Badeaccessoires animieren dazu, öfter mal abzutauchen.

Timing- und Temperaturtricks

Generell gilt: Warme und heiße Bäder (ab 37 Grad) entspannen, machen herrlich bettschwer und schläfrig; kühlere, kürzere Bäder energetisieren eher. Bei erhöhtem Blutdruck sind Bäder über 37 Grad tabu, weil das Herz schwerer schuften muss, je heißer das Wasser ist. Und auch das Wann ist von Bedeutung. Die entspannendste Badezeit – biorhythmisch gesehen – ist 21 Uhr.

Neptuns Nährstoffe zur Stärkung des Organismus

Unterschiedliche Badezusätze verwandeln den Wannengenuss in blaue Wunder. Wichtige Pflege- und Verwöhnstoffe kommen aus dem Meer: Salz, Plankton- und Algen-Elixiere verjüngen, nähren und straffen die Haut mit Mineralstoffen. Weil Meerwasser – chemisch gesehen – dem Blutplasma verwandt ist, kommt es zu einem Austausch der Nährstoffe mit dem Organismus. Sie sind die

1. Aromaöle im Wasser verstärken die beruhigende oder belebende Wirkung eines Bades. Lavendel beispielsweise relaxt herrlich und vertreibt Niedergeschlagenheit.

2. Für Minimassagen sind Badetabletten mit Whirlpool-Effekt gedacht: Sprudeltabletten, deren frei werdende Kohlensäure wie Champagner an die Oberfläche perlt und dabei Duftmoleküle freisetzt. Ihr ganzes Können entfalten die Tabletten, wenn man sie unterm Rücken platziert.

beste Therapie bei vielfältigen Problemen wie Erschöpfung, Hautirritationen, Bindegewebs- und Immunschwäche. Ein Pfund Totes-Meer-Salz (im Supermarkt erhältlich) in 37 Grad warmem Wasser aufgelöst, bringt nach 15 bis 20 Minuten diesen Thalasso-Effekt. Danach ausruhen (Seite 74).

Baden wie Kleopatra – Salz, Milch und Honig für samtige Haut

Auch Kleopatra soll gern Salz auf ihrer Haut gespürt haben. Ein paar Hand voll Totes-Meer-Salz im täglichen Milchbad machte ihre Haut schmuseweich. In Spas angebotene »Kleopatra-Bäder« variieren in der Zusammensetzung: Statt Salz wird oft Honig, ein enzymreicher Hautschmeichler, verwendet. Günstiger – wenn auch nicht ganz so luxuriös – ist dieser Genuss sicher zu Hause, die Zutaten (Meersalz, Milch, Honig) sind in jedem Lebensmittelgeschäft zu bekommen.

► Wer es versuchen möchte: ein bzw. zwei Liter Ziegen- oder Kuhmilch (Kuhmilch riecht besser!) mit zwei Hand voll Totes-Meer-Salz und einer Tasse Honig verrühren und ins Badewasser geben.

Aromaöle – und der Blues geht baden

Baden mit Tiefgang – aus dem Ayurveda kommt die Erkenntnis, dass bestimmte Pflanzen Energiepunkte im Körper aktivieren und damit bestimmte Gefühle auslösen. Einen Benefit, den man gezielt einsetzen kann, zum Beispiel mit Aromaölen, die ins Badewasser gegeben werden. Achten Sie darauf, dass die Essenzen aus Pflanzen gewonnen sind und nicht synthetisch hergestellt. Den Blues vertreiben Rosen- und Jasmin-, Narzissen-, Lavendel- oder Orangendüfte (Seite 85). Generell gilt: immer der Nase nach, denn wer ein Öl buchstäblich nicht riechen kann, bei dem versagen die innewohnenden Wohltaten.
Schlau ist es, zehn Tropfen eines oder mehrerer Öle in Sahne (drei Esslöffel) oder einem Milch-Honig-Mix (eine halbe Tasse Milch, zwei bis drei Teelöffel Honig) zu emulgieren, damit es sich im Wasser auflöst und seine intensive Wirkung tun kann. Und: Ausruhen ist auch nach einem Aromaölbad unbedingt empfehlenswert.

Aqua-Yoga

Traumhaft relaxt der Geist bei einer kleinen Aqua-Yoga-Übung. So geht's: Setzen Sie sich im Schneidersitz in die gefüllte Wanne; die Hände liegen mit den Handflächen nach oben auf den Knien; der Kopf ist leicht nach vorn geneigt. Atmen Sie konzentriert tief durch die Nase ein in den Bauch, halten den Atem kurz an und atmen sanft wieder aus. Dabei ziehen Sie den Bauch ein. Atmen Sie auf diese Weise so lange, bis Sie die tiefe Entspannung spüren.

Massagen – Verspannungen lösen

Massagen, so wissen wir, lösen Knoten in Schultern und Nacken. Bestimmte Massagetechniken können aber auch Knoten im Leben entwirren. Die Energie heilender Hände soll von emotionalem Ballast befreien, die Kreativität ins Fließen bringen, von Herzschmerz erlösen. Einfache Körperberührungen können einem das Gefühl geben, aufgehoben und umsorgt zu sein. Sie trösten bei Einsamkeit, bei Hunger nach Bestätigung oder bei der Erholung von emotionalen Tiefschlägen. Ob von Profis in luxuriösen Spas oder zu Hause, allein oder mit dem Partner, eine Massage ist Wohlgefühl, das buchstäblich unter die Haut geht. Komplizierte Techniken sollte man den Experten überlassen; streichen, reiben und kneten, das kann dagegen jeder.

Streicheleinheiten fürs Relax-System

Verspannungen, einseitige Belastung, Bewegungsmangel und Stress sind die Querulanten, die die Muskulatur verkrampfen lassen. Muskelstränge kontrahieren, Stoffwechselschlacken lagern sich ab, die Muskeln übersäuern und senden Schmerzsignale aus. Hier kommt die Massage zum Einsatz. Der physische Effekt von Massagen, seit Jahrtausenden praktiziert, ist unbestritten. Sie stimulieren das Lymphsystem, fördern die Durchblutung von Haut und Organen, beschleunigen die Zellerneuerung, helfen, Gifte aus dem System zu schwemmen, und stärken das Immunsystem. Das Kneten, Streicheln, Rubbeln und sanfte Kneifen hat nachweislich mechanische, biochemische und nervale Effekte auf den Organismus, das Gewebe wird besser durchblutet. Außerdem wird der Parasympathikus, das körpereigene Relax-System angeregt, das der Bildung des Stresshormons Adrenalin entgegenwirkt.

Alles im Griff – die wichtigsten Techniken für eine Partnermassage

Viele Berührungstherapien basieren auf dem (Ganzheits-) Prinzip: Wenn der Körper in Balance ist, folgen auch Geist und Seele. Motivation genug, ab und zu bei sich selbst oder dem Partner Hand anzulegen und sanften Druck auf den Körper auszuüben – mit Griffen aus der klassischen Knetkunde, auch schwedische Massage genannt.
Sie selbst können am besten drei der wichtigsten Grifftechniken der schwedischen Massage anwenden, die leicht erlernbar sind: das Streichen, das Reiben und das Kneten. Aber immer schön vorsichtig und mit Liebe! Alle spektakulären Methoden wie das pittoreske Handkanten-Hacken sollte man Masseusen in James-Bond-Filmen überlassen. Beziehungsweise professionellen Therapeuten, die noch eine Reihe weiterer Handgriffe beherrschen, die mehr Erfahrung erfordern (wie das Schwingen oder Trommeln). Sinnlicher wird die Massage in schöner Umgebung: angenehme Raumtemperatur (etwa 23 Grad), eine Kuscheldecke, leise Musik, etwas Aromaöl in der Luft und im Massageöl. Und so geht's weiter:

- **Streichen** Sie mit der flachen Hand, den Fingern und dem Handteller auf dem Rücken oder den Gliedmaßen mit leichtem Druck aufwärts in Richtung Herz. Diese sanften Striche werden auch *Effleurage* genannt. Der Effekt: Sie erspüren, wo im Muskelgewebe Verhärtungen sitzen; Blut und Lymphe fließen wieder leichter.
- **Kneten** Sie die Muskeln an Schultern, Rücken, Taille, Beinen und Po mit mittlerem Druck und beiden Händen wie einen Kuchenteig, rollen Sie diese Hautpartien mit sanften Bewegungen der Fingerspitzen (die Technik wird auch *Petrissage* genannt). Das lockert verspannte, harte Muskeln und regt deren Durchblutung an.

Wohlriechende Öle und sanfte Hände – und die Massage wird zum sinnlichen Erlebnis!

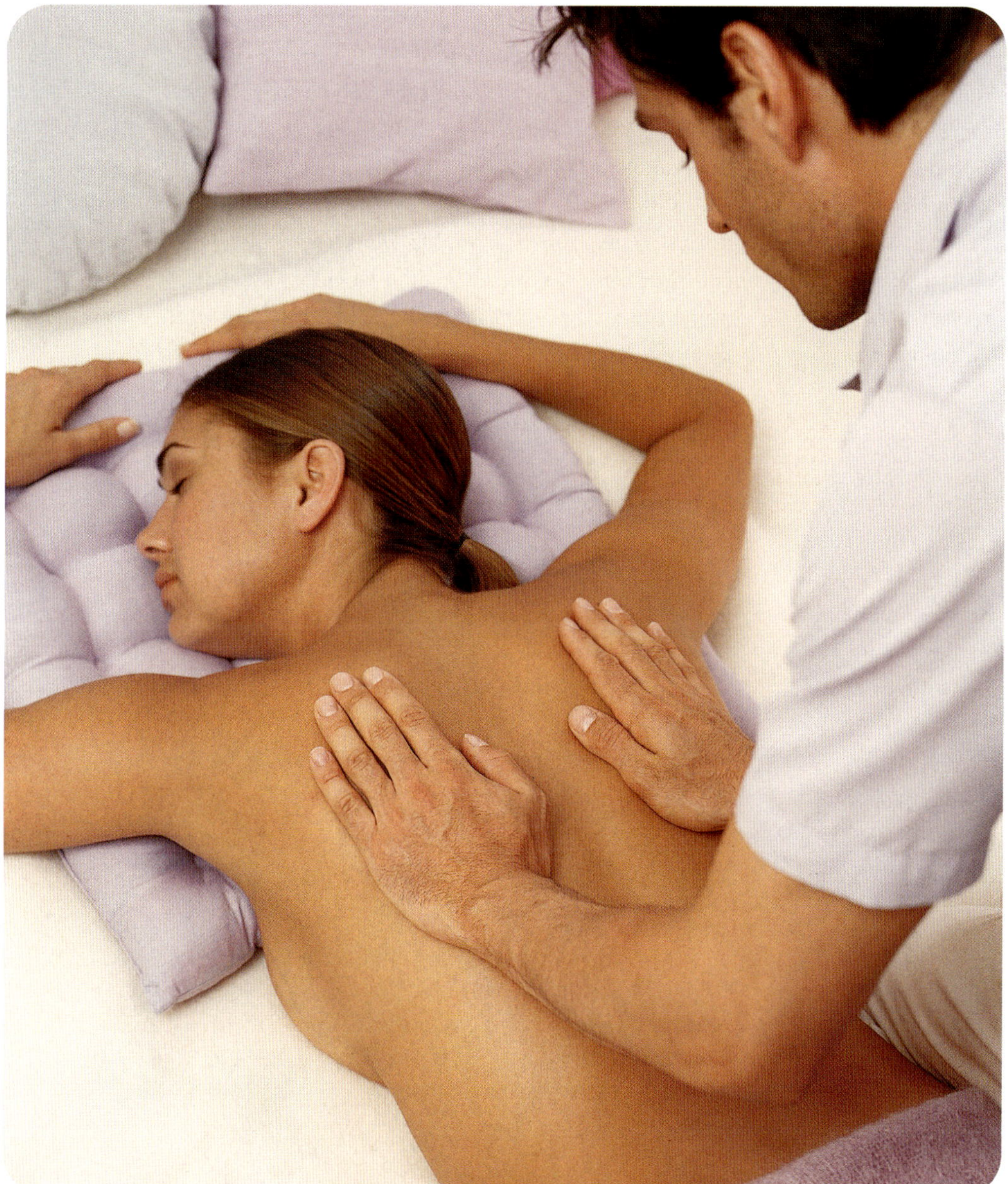

Beim Streichen mit flachen Händen lassen sich Verhärtungen im Muskelgewebe erspüren. Diese Massagetechnik, auch Effleurage genannt, können Sie mit viel Gefühl gut bei Ihrem Partner ausführen.

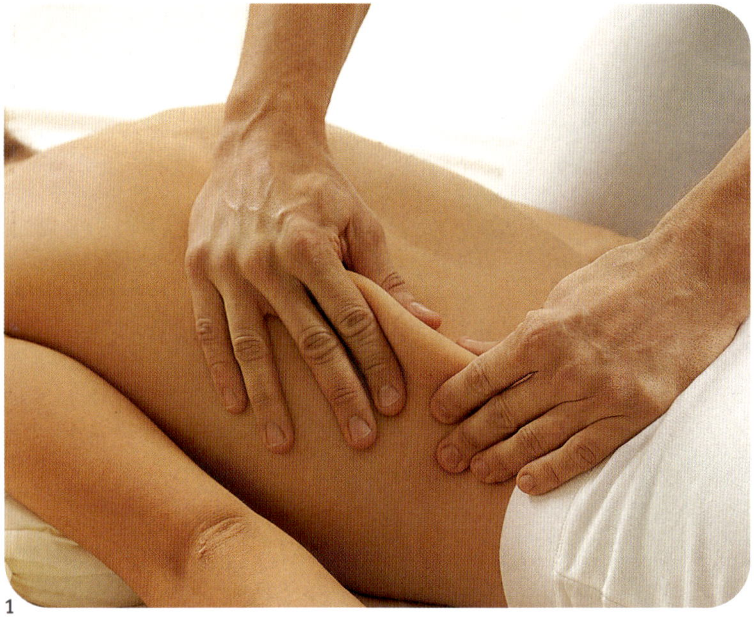

1

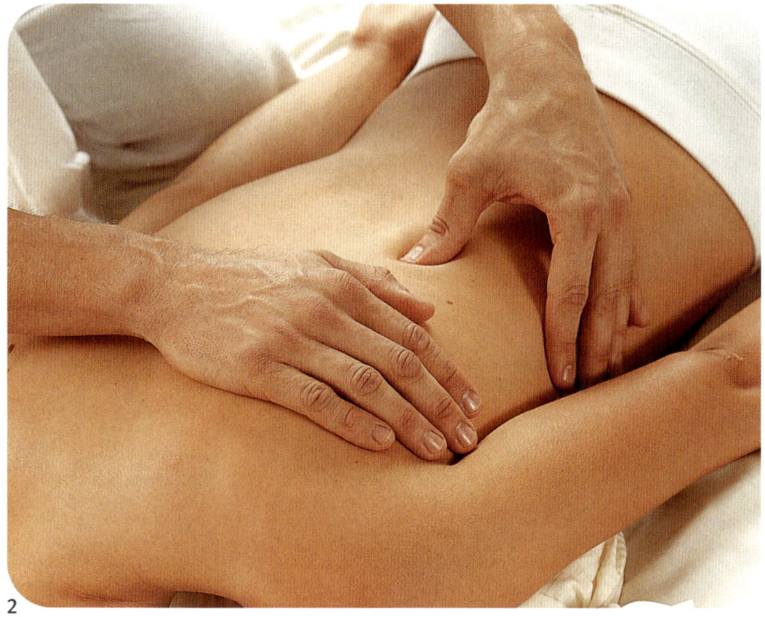

2

► **Reiben** ist die nächste Grifftechnik: Mit einem oder beiden Daumen reiben Sie Zentimeter um Zentimeter mit sanftem Druck kleine Kreise beziehungsweise – um vorwärts zu kommen – Spiralen auf die Haut. Spürbare Verspannungen mit viel Feingefühl behandeln! Mithilfe dieser Massagetechnik werden tiefer liegende Blutgefäße und Lymphbahnen erreicht, Nährstoffe werden in die Muskeln gepumpt, Schlacken abtransportiert.

► Zum Ausklang einer Partnermassage können Sie sich einer **Rütteltechnik** aus dem Shiatsu bedienen. Erst den rechten, dann den linken Fuß umfassen und jeweils das Bein ganz sanft (!) ziehen und ausschütteln.

Selbstmassage für den Nacken

Höchst effektiv ist eine Knetmassage bei verspannten Schultern. Die schnelle Selbsthilfe: Etwas Minzgel (Parfumerien, Apotheken und Reformhaus) auf Nacken und Schultern auftragen, mit beiden Händen von oben in die Schultermuskeln greifen und sanft durchwalken. Danach den Kopf aufstützen und mit Mittel- und Zeigefinger der jeweils anderen Hand in kleinen Kreisen neben der Wirbelsäule von unten nach oben zirkulieren. Zum Abschluss die Muskelansätze am Kopf (unter dem Nacken-Haaransatz) stimulieren und mit den Fingerkuppen die gesamte Kopfhaut massieren. Das i-Tüpfelchen, das den Kopf befreit: Etwas Aromaöl (Minze, Zitrone, Zypresse oder Lavendel sind geeignet) zart in die Schläfenpartie streicheln und klopfen.

Fingerspitzengefühl à deux – die Partnermassage

Wer ein Händchen hat für viel Gefühl – und einen Partner oder eine gute Freundin –, sollte folgende höchst entspannende Massage probieren. Der zu Verwöhnende (also Sie!) legt sich auf den Bauch; der Masseur kniet sich darüber, Beine rechts und links des Pos abgewinkelt. Mit beiden Händen stützt er sich auf den Rückenmuskeln des Empfangenden ab und beginnt, den Druck abwechselnd von der rechten auf die linke Hand und retour zu verlagern. Langsam abwärts wandern, an der Wirbelsäule entlang über den Po bis zu den Waden. Und zurück. Tabu: direkter Druck auf Wirbelsäule und Schulterblätter!

1. Vielleicht fühlen Sie sich bei der Petrissage (Kneten) tatsächlich wie ein Knetteig, die Massagegriffe sind aber sanft und herrlich entspannend. Harte Muskeln werden wieder weich, die Durchblutung wird angeregt.

2. Viel Fingerspitzengefühl erfordert auch das Reiben. Mit dieser Technik werden tiefer liegende Muskeln und die Lymphbahnen erreicht.

Nebeneffekt Bodystyling

Ob mit Massagehandschuh (achten Sie darauf, dass der Handschuh dicke, natürliche Borsten hat), mit dem Luffaschwamm, mit Bürsten oder Händen, Massagen werden auch mehr und mehr für die Schönheit – neudeutsch Bodystyling – eingesetzt, denn sie optimieren die Silhouette und den Effekt von Körpercremes. Bei Bürstenmassagen gilt: Abschürfungen und kleine Unreinheiten auslassen, damit sich diese nicht entzünden.

Wer zu *Dinner-Lady*-Armen neigt, jenen Fledermausflügeln, die das Tragen von ärmellosen Tops unmöglich machen, möge die **Knöcheltechnik** beherzigen: Einen Arm ausstrecken und anwinkeln, die andere Hand zur Faust ballen und mit den Knöcheln fest an den Oberarmen entlangstreichen, immer vom Ellbogen zur Schulter. Nach 20 Strichen die Seite wechseln.

Taillenröllchen und molligen Hüften begegnet man mit der **Petrissage**. Man nimmt die Hautfalte am unteren Rücken zwischen Zeigefinger und Daumen, drückt und rollt sie. Aber mit Liebe! Danach den unteren Lendenbereich rechts und links der Wirbelsäule gleichzeitig massieren.

MASSAGE-EINMALEINS

Wer sich selbst oder den Partner massiert, sollte folgende Do's und Dont's beachten:

- **Immer von den äußeren Enden der Gliedmaßen zum Herzen hin massieren. Erst Füße, dann Waden, Oberschenkel, Po, unteren Rücken, Bauch, Hüften, dann Hände, Arme, Schultern und oberen Rücken.**
- **Die lange Muskulatur (Unter- und Oberarme, Unter- und Oberschenkel etc.) mit langen Strichen bearbeiten, die Zonen rund um die Gelenke aussparen, Bauch und Rücken mit kreisförmigen Bewegungen massieren.**
- **Tabu: direkt auf der Wirbelsäule massieren; gewalkt wird immer nur links und rechts davon.**
- **Nie direkt auf Knochen kneten.**
- **Nie bis zur Schmerzgrenze gehen; Massieren hat etwas mit Liebe, Hingabe und Wohlgefühl zu tun!**
- **Nie massieren, wenn eine Entzündung im Körper ist (zum Beispiel eine Unterleibsentzündung), diese breitet sich sonst womöglich weiter aus.**
- **Derjenige, der massiert wird, muss auf einer stabilen Unterlage liegen (zum Beispiel auf dem Boden, auf einer Decke); weiche Betten sind nicht geeignet.**

Akupressur – Erlösung punktgenau

Akupressur ist die Massagevariante der chinesischen Akupunktur und genauso wie *Shiatsu* (wörtlich Fingerdruck) – die japanische Schwester – eine Druckpunktmassage. Das heißt: Mit den Fingerkuppen werden bestimmte Energiepunkte *(Tsubos)* durch Drücken stimuliert, sodass angestaute Energie wieder fließen kann. Alle diese Punkte liegen auf den Meridianen, den Energiebahnen. Akupressur ist ein gutes Do-it-yourself-Mittel gegen Kopf- und Schulterschmerzen sowie gegen Verspannungen jeder Art.

1

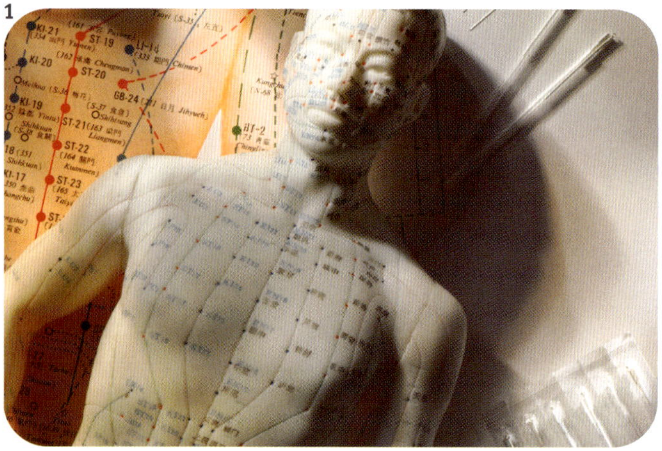

2

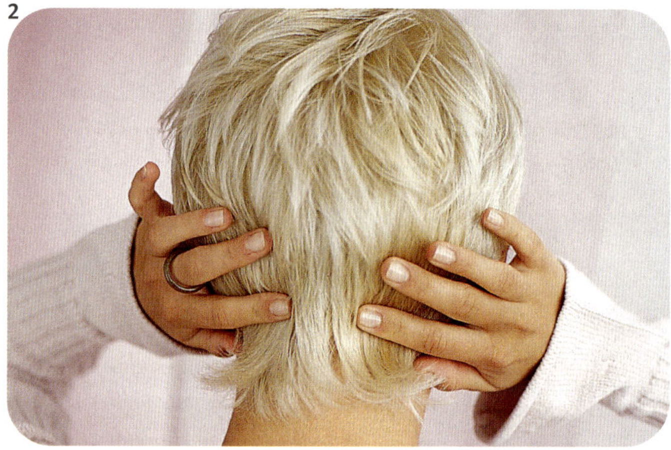

3

4

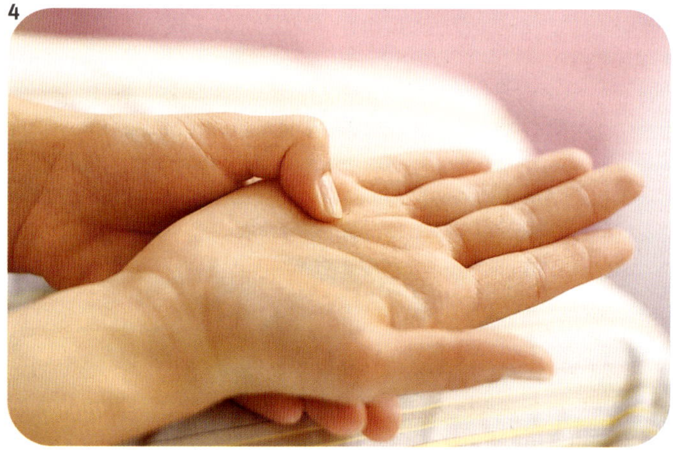

1. DAS GEHEIMNIS SANFTEN DRUCKS

Die Chinesische Medizin geht davon aus, dass es neben Lymph- und Blutkreislauf im Organismus zwölf Energiebahnen gibt, so genannte Meridiane. Um die Lebensenergie Chi im Fluss zu halten, müssen Yin und Yang in Harmonie sein. Energie-Disbalancen drücken sich in Beschwerden aus. Zum Ausgleich werden bestimmte Punkte gereizt oder beruhigt, die entlang der Meridiane am ganzen Körper verteilt sind. Nachgewiesenermaßen werden durch diese Stimulation entspannende Endorphine freigesetzt.

2. SPANNUNGSKOPFSCHMERZ: BITTE DRÜCKEN!

Der Druckpunkt gegen Spannungskopfschmerzen liegt circa zwei Zentimeter rechts von der Kopfmitte, etwa fingerkuppenbreit hinter dem Haaransatz. Dort katzenpfötchensanft mit dem Zeigefinger in leicht kreisenden Bewegungen massieren. Ob man die richtige Stelle gefunden hat, ist sofort zu spüren. Zunächst ist sie sensibel wie ein blauer Fleck, nach kurzer Zeit aber lässt der Kopfschmerz nach.

3. STEIFER NACKEN? ÖHRCHEN AUF!

Sich ab und an selbst die Öhrchen lang zu ziehen und die Ohrmuscheln dabei genussvoll zu massieren versorgt die Organe mit frischer Energie. Bei einem steifen Nacken ist die innere Knorpelkante zuständig. Und so geht's: Mit Zeigefinger und Daumen druckvoll an der Knorpelkante entlangwutzeln, also die Ohrmuschel zwischen den Fingern hin- und herrollen. Wenn die Ohren dabei heiß werden, ist das ein gutes Zeichen – alles richtig gemacht! Wiederholen Sie die Massage in Abständen von ein paar Minuten.

4. SCHULTERSCHMERZEN IM GRIFF

Obwohl der Fingerdruck letztendlich eine beruhigende Wirkung entfaltet, kann er manchmal schmerzhaft sein. Kein Grund zur Beunruhigung. Bei Schulterschmerzen die Handkante des kleinen Fingers mit Daumen und Zeigefinger zunächst kreisend massieren, danach mit melkenden Bewegungen – also zugleich drücken und ziehen. Anschließend die Handflächen an den Gelenkansätzen – dort, wo typischerweise Schwielen auftreten – mit kreisenden Bewegungen sanft drücken.

Ruhig durch Muskelentspannung

Sie ist leicht zu erlernen und von Instant-Erfolgserlebnissen gekrönt: die Progressive Muskelentspannung. Als Therapie hilft sie bei Stress, Schlafstörungen, Nervosität und innerer Unruhe sowie bei Muskelverspannungen und Angstzuständen. Der Kick: Anspannungen werden aufgelöst, indem man bestimmte Muskelgruppen zunächst bewusst und systematisch stark anspannt, dann wieder entspannt. Beim Loslassen kommt es zu einer Tiefenentspannung der betreffenden Bereiche.

Progressive Muskelentspannung nach Jacobson

Entwickelt wurde die Progressive Muskelrelaxation vom Arzt und Physiologen Edmund Jacobson (1885–1976). Er beobachtete, dass die Anspannung der Muskulatur oft mit Unruhe, Angst oder psychischer Spannung einhergeht. Die Wechselwirkung zwischen seelischer Befindlichkeit und muskulärer Spannung wurde zur Grundlage seines Trainings. Das physische Prinzip: Eine kräftige Anspannung der Muskulatur führt zu einer verstärkten Durchblutung, was in der anschließenden Relaxphase als wunderbar strömende Wärme empfunden wird.
Das Schöne an der Progressiven Muskelentspannung: Sie funktioniert nach dem Prinzip »Machen Sie, was Sie wollen«. Will heißen: Man kann sie im Liegen oder Sitzen ausführen, mit Musik oder ohne, am Schreibtisch oder auf dem Lieblingssofa. Es ist völlig egal, was man wahrnimmt oder denkt, geschweige denn, wie man dabei aussieht. Wichtig ist nur, sich zu spüren und ruhig zu atmen. Nach dem Training – am Anfang etwa 20 Minuten, später geht es schneller – bleibt man noch etwas in der Ruheposition, zählt dann rückwärts von zehn bis eins, dehnt und räkelt sich, atmet tief durch und steht auf – wie neugeboren!

So funktioniert's

► Bevor Sie sich in die Übungsposition begeben, stellen Sie sich zunächst aufrecht hin und schütteln den Körper aus: Arme, Beine, Schultern lockern und kreisen lassen.
► Dann aufrecht auf einen Stuhl setzen, die Augen schließen und während der gesamten Übungsdauer geschlossen lassen! Um die eigene Körperwahrnehmung zu schulen, immer nachspüren, ob Sie einen Unterschied zwischen Anspannung und Entspannung fühlen.
► Zunächst das rechte Bein waagerecht ausstrecken, die Fußspitze in Richtung Körper ziehen, die Beinmuskeln so fest wie möglich anspannen. Dabei weiteratmen und bis fünf zählen. Das Bein langsam entspannen und sinken lassen. Die Übung mit dem rechten Bein wiederholen, danach das Ganze zweimal mit dem linken Bein ausführen.
► Anschließend zunächst den rechten Arm waagerecht ausstrecken, die Hand ballt sich zur Faust, die Schulter weit nach vorne ziehen. Dann den Arm gezielt anspannen, atmen und bis fünf zählen. Wieder entspannen. Nachspüren und die Übung wiederholen. Dann dasselbe mit links.
► Die Krönung: Beide Arme und beide Beine ausstrecken und anspannen. Dabei die Schultern hochziehen, mit dem Gesicht eine Grimasse machen. Bewusst atmen und bis fünf zählen. In Zeitlupe den Körper locker lassen und entspannen. Diese Übung ist übrigens eine hervorragende Vorbereitung für eine anschließende Tiefenentspannung – etwa eine gedankliche Reise durch den eigenen Körper oder eine Visualisierung (zum Beispiel eine Farbvisualisierung wie die »Weiße Kraft«, siehe Kasten).

NEUE ENERGIE DURCH FARBVISUALISIERUNG

Wer seine Energiereserven aufladen möchte, sollte es einmal mit der Farbvisualisierung »Weiße Kraft« versuchen, bei den Tibetern Symbol für Klarheit, Reinheit und Neubeginn. Die Visualisierung aktiviert die für Gefühle zuständige rechte Gehirnhemisphäre und soll positive Gedanken anregen.

Und so geht es: Stellen Sie sich vor Ihrem inneren Auge einen kleinen, weißen, strahlenden Punkt vor, der im Herzen wächst. Von dort aus dehnt er sich in den Brustraum, anschließend in den ganzen Körper aus. Es gilt, sich darauf zu konzentrieren, wie die weiße Energie die Zellen erhellt, klärt und erleuchtet. Wer lieber in hellblauem, flüssigem Licht baden möchte: Das soll verjüngend wirken!

Durch Anspannung wird die Muskulatur verstärkt durchblutet. In der anschließenden Relax-Phase breitet sich Ruhe im Körper aus.

Richtiges Atmen entspannt nicht nur, sondern macht auch schön und sexy.

SAUERSTOFF IST POWERSTOFF

Rund 20 000-mal atmet jeder Mensch durchschnittlich pro Tag ein und aus. Rund 15 Liter Sauerstoff verbraucht er dabei pro Stunde. Sauerstoff ist der Hauptlieferant für die Energieversorgung des Körpers. Zu 99 Prozent wird er über die Lunge aufgenommen, zu etwa einem Prozent über die Haut oder via Ernährung. Ansatzpunkt der Industrie, uns mit jeder Menge neuer Produkte zu beglücken: vom sauerstoffhaltigen Mineralwasser bis zu sauerstoffangereicherten Masken und Cremes. Ob's nützt? Einfach ausprobieren. Und entspannt weiteratmen – immer durch die Nase und immer in den Bauch.

Atmen Sie auf! Erste Hilfe bei Stress

Die Art der Atmung spiegelt den augenblicklichen Zustand von Body & Soul. Buchstäbliches Atemanhalten bei Angstzuständen und in Stresssituationen führt zu Verspannungen im ganzen Körper; die Muskulatur zieht sich zusammen. Richtiges Atmen jedoch funktioniert ohne Verkrampfung. Das Gefühl der Gelassenheit und der sanften Ruhe beim Ein- und Ausatmen überträgt sich automatisch auf den ganzen Körper (und damit den Geist). Vornehmste Aufgabe ist es also: sich des eigenen Atems bewusst zu werden.

Test: Buch auf den Bauch und durchatmen!

Ob man richtig atmet oder die Technik verbessern kann, zeigt ein einfacher Test: Legen Sie sich rücklings auf den Boden, packen Sie ein Buch auf den Bauch und atmen Sie langsam ein (immer durch die Nase, nicht durch den Mund ein- und ausatmen). Hebt sich der Schmöker, atmen Sie richtig; wenn er sich senkt, gehören Sie – immerhin – zur Mehrzahl der Frauen, haben damit aber ein kleines Problem. Denn so geht Ihnen garantiert irgendwann die Luft aus. Der Grund: Wer in die Brust und nicht in den Bauch atmet, pumpt sein Zwerchfell auf, das wiederum die Lungen zusammendrückt. So verringert sich die Lungenkapazität und weniger Sauerstoff steht zur Verfügung. Aufatmen kann jedoch, wessen Bauch sich beim Einatmen ausdehnt – der Sauerstoff und damit der Energietank füllt sich.
Wer übt, fühlt sich auf längere Sicht gesehen nicht nur wohler, sondern kriegt auch einen Sexy-Bonus. Die Stimme bekommt mehr Volumen und färbt sich dunkler, wenn man mehr Resonanzboden (den Bauch!) dafür zur Verfügung hat; pressatmiges Micky-Mouse-Quieken sollten Sie amerikanischen Schauspielerinnen überlassen.

Richtig atmen macht schön

Dass sich durch die richtige Atemtechnik auch das Hautbild verbessern kann, ist erwiesen. Schnell nachlassende Elastizität der Haut, wie sie in intensiven Stresssituationen auftritt, ist oftmals ein Zeichen mangelnder Sauerstoffversorgung. Einfache Übungen helfen.

► **Stoppen Sie den Beauty-Killer Stress:** Schließen Sie die Augen und atmen Sie konzentriert und tief in den Bauch ein; die Luft fünf Sekunden anhalten und wieder ausatmen. Diesen regenerierenden Rhythmus fünf Minuten durchhalten.

► **Im Stressnotfall:** Bewusste, tiefe Zwerchfellatmung senkt sofort den Blutdruck und entspannt. Das Geheimnis liegt in der Art der Ausatmung: einfach während des Ausatmens – so lange es geht – den Buchstaben »S« summen.

Atmen gegen's Kullerbäuchlein

Dass Frauen gerne mal lieber in die Brust statt in den Bauch atmen, hat oft mit Eitelkeit zu tun – bloß kein Kullerbäuchlein zeigen! Dabei kann man ganz bewusst sogar den Bauch flach atmen. Am besten beim Sport. So geht's: Stellen Sie sich aufrecht hin und ziehen Sie die Bauchmuskeln nach innen gen Rückgrat. Die Fingerspitzen auf die unteren Rippen legen und tief einatmen, bis sich der Brustkorb hebt und die Rippen sich weiten. Dann ausatmen und den Bauch weiterhin unter Spannung halten (Nabel Richtung Wirbelsäule ziehen). Locker lassen. Und öfter mal wiederholen.

Harmoniewunder Bach-Blüten – für die innere Balance

Die Bach-Blütentherapie ist eine natürliche und sanfte Behandlungsmethode, die es spontan ermöglicht, negative Stimmungen und Gefühle wie Unsicherheit, Eifersucht, Kleinmütigkeit usw. zu lindern. Sie wirkt aber auch unterstützend, wenn man weitergehend an seiner persönlichen Entwicklung arbeiten möchte.
Ansatzpunkt von Dr. Edward Bach, der die Therapie – inspiriert von der Homöopathie – in den 30er-Jahren des vergangenen Jahrhunderts entwickelte: Intuition, Gefühle und Empfindungen können uns weiterhelfen – gerade die negativen. Eine verdunkelte Seele, katzengraue Gedanken, wiederkehrende Gefühle der Überforderung – alles Gemütssymptome, die darauf hinweisen, dass etwas nicht in Ordnung ist. Zugleich, so die These des englischen Arztes, zeigen diese Symptome die Richtung, in die man etwas verändern sollte.

38 florale Seelenheiler

Insgesamt 38 verschiedene Essenzen werden bei der Bach-Blütentherapie zur Behandlung von seelischen Unstimmigkeiten, negativen Denkmustern und Einstellungen sowie Charakterschwächen eingesetzt. Sie sind in den meisten Apotheken erhältlich. Von Ackersenf bis zur Zitterpappel, von Gefleckter Gauklerblume bis zum Doldigen Milchstern, jede Pflanze (oder eine Mischung aus mehreren) tut ihre spezifische Wirkung. Die Essenzen entspannen, harmonisieren und helfen langfristig dabei, die eigene Mitte zu finden. Hergestellt werden die Blütenessenzen noch heute in England nach den von Bach entwickelten Verfahren. Bei der Sonnenmethode etwa werden die Blüten in vollster Entfaltung gepflückt und in einer Schale Quellwasser drei bis vier Stunden der Sonne ausgesetzt. Dann werden sie mit 40 Prozent Alkohol konserviert und mit Wasser im Verhältnis 1 : 20 verdünnt. Bei der so genannten Kochmethode werden Blüten, Zweige und Blättchen mit Quellwasser einige Zeit in einem Emailletopf gekocht.

Wie die richtige Bach-Blüte finden?

Doch wie findet man die für einen in dem jeweiligen Moment richtige Blüte beziehungsweise Blütenkombination? Um herauszufinden, welche Essenz bei akuten Problemen hilft, kann man einen Heilpraktiker oder einen Arzt konsultieren, der Bach-Blüten einsetzt. Die Bach-Blütentherapie ist aber auch zur Selbstbehandlung geeignet und wurde von Bach sogar so angelegt (bei schweren seelischen oder körperlichen Erkrankungen helfen Bach-Blüten allein allerdings nicht, in solchen Fällen muss man unbedingt einen Arzt aufsuchen!).
Mit etwas kritischer Selbstbeobachtung ist es recht einfach, für sich die richtige Blüte zu finden. Sinnvoll sind Beschreibungen, die vom Gemütszustand ausgehen (siehe Kasten Seite 141). Also: Was tun bei Angst, Apathie, Überforderung, mangelnder Aufmerksamkeit, Blockaden, Entmutigung, Eifersucht, Erschöpfung ...? Je genauer man sein Problem analysieren und auf den Punkt bringen kann, je genauer die Gefühle beschrieben werden, umso

Rescue-Remedy heißt ein Mix aus verschiedenen Bach-Blüten. Hilft in brenzligen Situationen, Ruhe zu bewahren.

IN BALANCE MIT BACH-BLÜTEN

- **Anspannung:** Vervain, Rock Water, Impatiens
- **Mangel an Lebensfreude:** Mustard, Pine, Rock Water, Wild Rose
- **Versagensängste:** Pine
- **Entscheidungsschwäche:** Walnuss
- **Mentale Erschöpfung:** Olive
- **Ungeduld:** Impatiens
- **Panikattacken:** Rock Rose
- **Immunstörungen:** Apfel
- **Nervosität, Unsicherheit:** Knoblauch
- **Liebeskummer:** Bleeding Heart

treffsicherer findet man die richtigen Blüten. So ist beispielsweise bei Angstzuständen Aspen die richtige Bach-Blüte. Aspen wird Menschen empfohlen, die unter Alpträumen leiden, Angst vor dem Dunklen haben oder einfach unbestimmte Ängste. Das Versprechen: Nach der Einnahme von Aspen werden die Ängste weniger, die innere Zuversicht wächst, man lebt angstfreier.
Weiterführende Literatur zum Thema Bach-Blüten bietet ein ausführliches Repertorium der einzelnen Blüten und ihrer Wirkweisen.

Einnahme und Dosierung

Hat man die passende Bach-Blüte beziehungsweise Bach-Blütenmischung gefunden, werden bis zu viermal täglich je vier Tropfen in ein Glas Wasser geträufelt und dies in kleinen Schlucken getrunken. Oder Sie träufeln die Essenz direkt unter die Zunge, behalten Sie zwei Minuten im Mund und schlucken sie dann erst herunter.

Wer auf eigene Faust die für sein Problem richtigen Blüten finden möchte, sollte versuchsweise jeweils nur eine Blüte ausprobieren. Manchmal ist die Wirkung sofort spürbar, sie kann aber auch länger auf sich warten lassen. Erst wenn nach einem Monat keine Veränderung zu bemerken ist, sollten Sie die nächste Blüte ausprobieren.

Immer dabei: die Tropfen für den Notfall

Jedem zu empfehlen: Rescue-Remedy-Tropfen. Sie sind eine moderne Version des Riechfläschchens. Und schlaue Frauen haben die Notfallhelfer immer in ihrer Tasche. Drei Tropfen unter die Zunge gegeben, helfen sie bei Stress und unangenehmen Situationen und mildern Aufregung und Schock (zum Beispiel nach Unfällen). Das Geheimnis ihrer Rezeptur: ein Mix aus fünf verschiedenen Bach-Blütenessenzen mit so klingenden Namen wie Star of Bethlehem, Rock Rose, Cherry Plum und Clematis.

Wenn man seine Ruhe nicht in sich findet,
ist es zwecklos,
sie andernorts zu suchen.

François de La Rochefoucauld

Extras vom Spezialisten: Von Rauchsauna bis Reiki

Bei folgenden Vorschlägen gibt es ein ganz großes Muss, ohne das keine Entspannung möglich ist. Es heißt: faul sein! Wer Streicheleinheiten für Körper und Seele genießen will, darf loslassen, bis die Wohltaten von Sauna, Shiatsu, LaStone-Therapie und Co. unter die Haut gehen. Beim Verwöhnenlassen bringt das Lassen den Erfolg. Also, überlassen Sie alles den Profis – den Masseuren und Therapeuten.

Saunieren

»In der Sauna verraucht der Zorn«, meint der Finne. Und allein in Deutschland sind 23 Millionen Saunafans in heißer Liebe zu dem Schwitzkasten entbrannt; sie gehen regelmäßig in eine der 15 000 öffentlichen oder eine Million privaten Saunen, um Dampf abzulassen, für Fitness und Schönheit zu schwitzen.

Tiefenreinigung durch künstliches Fieber

Ob türkischer Hamam, römische, finnische oder russische Rauchsauna – der Effekt dieser Dampfbäder gleicht sich. Durch die Wärme erhöht sich die Körpertemperatur um ein Grad. Dieses künstliche Fieber erweitert die Gefäße. Durchblutung und Sauerstoffaufnahme werden angekurbelt, Schlacken und Giftstoffe ausgeschieden. Außerdem entspannen sich stressgestählte, schmerzende Muskeln aufs Beste. Dass Immunsystem und Kondition verbessert werden, ist bekannt. Türkische und finnische Saunisten, quasi Erfinder des schweißtreibenden Kulturerbes, schwören, dass ihre heiße Affäre aber ebenso die Seele wie den Körper reinigt.

Sauna-Happening mit klaren Regeln

Ohne Schweiß kein Seelenbalsam. Im Klassiker, der finnischen Sauna, ist es heiß, sehr heiß. Bis zu 95 Grad glüht die Luft in der Holzkabine. Auszuhalten ist diese nordische Bratröhre nur, weil die Luft extrem trocken ist.
Ob man nun in indianischen Schwitzhütten gart oder in modernen Spa-Tempeln urbaner Metropolen, das Ritual ist streng und macht nur so Sinn. Ein Sauna-Happening besteht in der Regel aus zwei bis drei Gängen, die – je nach Verträglichkeit – zwischen acht und zwölf Minuten dauern (Ausnahme: Im Dampfbad kann man bis zu 20 Minuten verweilen). Nach dem Aufheizen und nachdem der Schweiß perlte, zieht ein eiskaltes Tauchbad oder eine Dusche Poren und Blutgefäße schockartig zusammen – ein Genuss, den nur hartgesottene Eingeweihte verstehen. Der Nebeneffekt ist umso genialer. In der nachfolgenden Ruhephase (etwa 20 Minuten) bildet der Organismus jene Abwehrstoffe, die unter anderem vor Erkältung schützen und die den Ruf der Sauna so legendär gemacht haben. Doch keine Regel ohne Ausnahme: Ayurvedische Kräutersaunen funktionieren ohne Abschreckung – man schwitzt, in kuschelige Decken gehüllt, nach und kühlt ganz entspannt beim Ausruhen auf Normaltemperatur herunter.
Für alle Schwitzkuren gilt: Damit der Stoffwechsel wirbelt, Nieren Gifte ausscheiden und die Haut Schlacken abtransportieren kann, sollten Sie literweise Mineralwasser trinken, denn bei einem Saunagang verliert man bis zu einem halben Liter Flüssigkeit.

Mit einer Schöpfkelle wird Wasser auf die heißen Ofensteine der Sauna gegossen.

Die Luftfeuchtigkeit in einem Dampfbad beträgt bis zu 90 Prozent.

Welche Art des Schwitzens man auch bevorzugt: Der Organismus profitiert davon.

SAUNA ALS JUNGBRUNNEN

Saunieren geht buchstäblich unter die Haut, weil die Zellen, die stützende Kollagen- und Elastinfasern bilden, durch die Hitze äußerst aktiv werden. So wird der Alterungsprozess gehemmt. Der Super-Anti-Aging-Kick: Zusätzliche Trockenbürstenmassagen nach der Sauna führen zu einer regelrechten Hormonexplosion – das Powerhormon Adrenalin, das Jungbrunnenhormon DHEA, hautglättendes Östrogen sowie der Glücksbotenstoff Serotonin werden vermehrt ausgeschüttet.

Banja, Biosauna, Hamam & Co.

Der modernen Spa-Kultur (Spa = lat. *sanus per aquam*, gesund durch Wasser) haben wir es zu verdanken, dass aus muffigen Hotelpools und altmodischen Kosmetiksalons heute wahre Luxustempel für Sauna-Wellness entstanden.

► Abgesehen von der **Banja** (russische Rauchsauna, früher in rußigen Erdhöhlen), in der man sich bei 40 bis 60 Grad mit Birkenreisern traktiert, um Schwitzen und Durchblutung anzutreiben, sind hierzulande aufwändigere Saunen im Trend.

► Die **Biosauna** verwöhnt bei 50 bis 60 Grad und 45 Prozent Luftfeuchtigkeit mit ätherischen Ölen.

► Im **Römischen Bad** durchläuft der Besucher drei Räume mit unterschiedlicher Temperatur und Luftfeuchtigkeit (Tepidarium: 25–35 Grad, Caldarium: 40 Grad, Lanconium: 50–60 Grad).

► In den meist märchenhaft schönen **Türkischen Bädern** (Hamam genannt, Seite 92) schwitzt man in zwei Räumen (30–35 Grad und 45 Grad).

► Das **Dampfbad** wiederum mit seinem feuchtheißen Tropenklima (etwa 50 Grad, über 90 Prozent Luftfeuchtigkeit) eignet sich bestens für Menschen mit Kreislaufproblemen, trockener und spröder Haut (Dampf polstert!) sowie bei unreiner Haut.

Wer Sauna *und* Dampfbad ausprobieren möchte – viele Saunabäder bieten beides an –, sollte zunächst das Dampfbad aufsuchen und erst nach der Abkühlpause in die Sauna gehen. Der Grund: Die angestaute Wärme kann im Dampfbad nicht genügend abgeleitet werden.

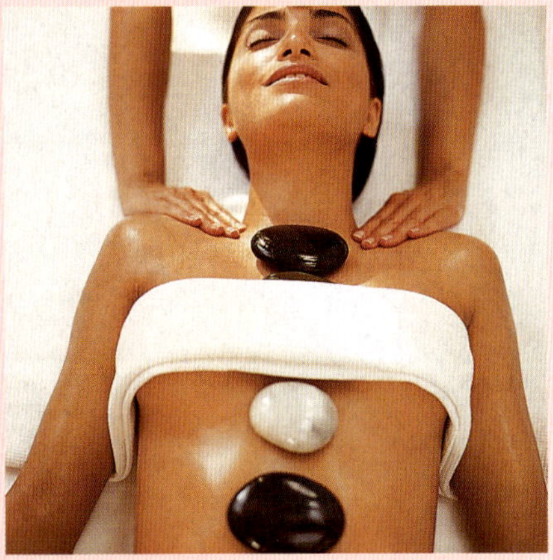

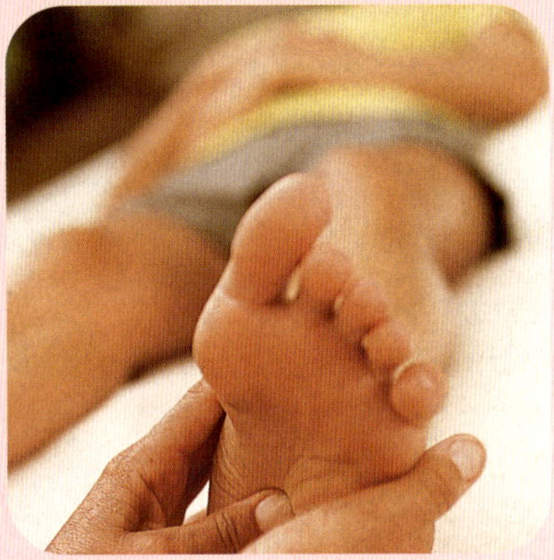

Bei der LaStone-Massage lösen erwärmte Steine selbst hartnäckige Verspannungen.

Eine Fußreflexzonenmassage kann, je nach Griff, anregend oder beruhigend wirken.

Shiatsu (hier ein Druckgriff am Kopf) bringt Körperenergien wieder zum Fließen.

Relax-Massagen aus aller Welt

Ob der Therapeut Sie mit erhitzten Steinen bearbeitet oder Ihre Reflexzonen an Füßen und Händen massiert, der Effekt ist ähnlich: überirdisches Wohlgefühl und absolute Entspannung.
In zunehmendem Maße erobern fernöstliche Therapien westliche Körper und Seelen. Immer mehr Menschen wissen um die Wonnen asiatischer und exotischer Entspannungstechniken, begeben sich in die erfahrenen Hände von Thai-Masseuren, Reiki-Meistern und Hula-Therapeuten. Tiefenentspannung und sinnliche Glücksgefühle garantiert!

LaStone: Die Kraft der heilenden Steine

Supersinnliche Wonnen, die nicht nur Entspannung garantieren, sondern auch die Chakras (fernöstlicher Begriff für Energiezentren, Seite 106) öffnen, bereitet die LaStone-Therapie, auch *Hot Stone* oder *Hot Rock Massage* genannt. Die etwas eigenwillige, 90-minütige heiße Angelegenheit regt die Durchblutung besonders stark an, lockert die Muskeln und aktiviert die Selbstheilungskräfte. Erfunden wurde die *Massage on the rocks* Anfang der 90er-Jahre von Mary Nelson-Hannigan in Tucson, Arizona, und ist seither der absolute Renner in Amerikas Spas. Auch hierzulande findet die Kraft der heilenden Steine immer mehr Fans (angeboten wird sie oft in Luxushotels und Qualitäts-Spas), zumal sie uralte Wurzeln hat. Indianische und hawaiianische Schamanen wussten schon vor

Jahrtausenden um die Kraft der erhitzten Steine und haben damit behandelt.

Lava-Lust – Vorsicht, Suchtgefahr!

Angenehm dösig kuschelt man rücklings auf einer vorgewärmten Massageliege, während der Körper mit feinen Aromaölen eingerieben wird (Jojoba- oder Mandelölbasis, Düfte nach Wunsch, meist entspannender Lavendel). Zwischenzeitlich heizt der Therapeut 54 Basaltsteine in heißem Wasser auf 50 Grad auf; Basalt, sorgfältig kieselglatt geschliffenes schwarzes Lavagestein, gibt einen optimalen Wärmespeicher ab. Bis zu 40 dieser sanft gerundeten Handschmeichler von Handteller- bis Münzgröße legt der Therapeut sodann auf die Energiezentren des Körpers. Aus acht Steinen wird eine Rücken- oder Nackenstütze gebaut, andere Heilsteine bevölkern Bauch, Stirn, Kniekehlen, ja sogar Zehenzwischenräume, zwei dicke darf man in die Hände nehmen. Schon bevor die eigentliche Massage beginnt – ein Mix aus schwedischen Griffen und Shiatsu –, setzt ein tiefes Relax-Gefühl ein. Der Clou: Massiert wird nicht mit Händen und Fingern, sondern mit heißen Steinen, von der Mitte des Körpers aus hin zu den Gliedmaßen. Abgekühlte Steine werden laufend durch neue, erhitzte, ersetzt. Zur umfassenden Luxusvariante der LaStone-Therapie gehören auch 18 kalte weiße Marmorsteine, die auf jene Bereiche gelegt werden, die für Verletzungen oder Entzündungen anfällig sind – das bringt eine Art Kneipp-Effekt, also einen Kälteschock mit anschließender Tiefendurchblutung. Vorsicht: Diese supersinnliche Massage kann süchtig machen!

Stresslösende Reflexzonentherapie

Reflexzonen sind Nervenpunkte an Händen, Füßen und Ohren, die eine direkte Verbindung zu anderen Körperteilen, Organen und Muskeln haben. Massiert der Therapeut eine bestimmte Reflexzone, wird das zugehörige Organ stärker durchblutet, das heißt, besser mit Sauerstoff, Nährstoffen, Hormonen und Abwehrstoffen versorgt. Als Stresslöser und Krankheitsprophylaxe gibt es kaum eine bessere Massage.

Die Massage der Füße

Besonders erholsam wirkt eine Fußreflexzonenmassage. Wer einmal in den Genuss gekommen ist, berichtet über tieferen Schlaf, Gefühle der Leichtigkeit und des In-sich-Ruhens.
45 Minuten lang bearbeitet der Therapeut zunächst den rechten, dann den linken Fuß, wobei die Punkte stimuliert werden, die zarte Energiebande zu bestimmten Organen knüpfen. So ist der große Zeh beispielsweise für den Kopf zuständig, die Mitte der Sohle für den Solarplexus, jenes sensible Bauchareal, das auf Sinnlichkeit und Gefühle reagiert wie ein Seismograph. Reiben, Streichen und unterschiedlicher Druck lösen Energieblockaden und helfen dem Körper, sich selbst zu heilen.

Bindegewebsmassage: Energieblockaden lösen

Eine andere Art Reflexzonentherapie ist die Bindegewebsmassage. Wurde sie in den Wirtschaftswunderjahren als Allheilmittel gegen Gallenleiden gepriesen, hat man jetzt ihre umfassende Power wieder entdeckt. Eingesetzt wird sie bei Übergewicht und Stoffwechselstörungen ebenso wie bei Akne, Haarausfall oder Allergien. Vom Kreuzbein bis zum Kopf massiert der Therapeut mit den Fingerspitzen Haut und Bindegewebe, nicht aber die Muskulatur. Reflektorisch werden dadurch über das Nervensystem die inneren Organe stimuliert.

Shiatsu – Akupressur im Samurai-Style

Sportlerinnen und gestresste Managerinnen wissen um die Wohltaten von Shiatsu. *Shi* heißt auf Japanisch der Finger, *atsu* bedeutet Druck, kurzum: Shiatsu ist eine Kirschblütenvariante der Akupressur. Diese althergebrachte Massagetechnik ist so effektiv, dass sie früher schon Samurai-Krieger fürs Gefecht fit gemacht hat.
Durch Druck auf gewisse Punkte entlang der Körpermeridiane – der Therapeut arbeitet dabei mit Händen, Ellbogen und auch mal mit den Füßen – werden Energieblockaden gelöst, die durch Stress, falsche Ernährung, angestaute Gefühle oder Bewegungsmangel verursacht werden. *Chi*, die Körperenergie, kann wieder fließen. Der Druck wird größtenteils statisch ausgeübt, das heißt, er wird ein paar Sekunden bis zu mehrere Minuten lang gehalten. Wie bei der Thai-Massage bleibt der Genießende bekleidet (Yoga-Kleidung oder lockere Sportkleidung). Die Massagen können – je nach Therapeut – etwas Ritualhaftes haben. Der Klient arbeitet mit, indem er seinen Atem in die behandelten Stellen leitet, quasi in den Schmerz hineinatmet, der durch Verspannungen entstehen kann. So hilft er mit, diese aufzulösen. Shiatsu eignet sich zur Therapie von Verspannungen besonders im Nacken- und Rückenbereich, aber auch allgemein zum Stressabbau.

Thai-Massage – mit Händen und Füßen

Der Thai-Masseur arbeitet mit Ganzkörpereinsatz: mit Daumen und Handballen, mit Ellbogen und Unterarmen, mit Ferse und ganzem Fuß. Nicht erschrecken also, wenn Sie sich fühlen wie ein Steak in Händen eines wirbelnden Fernsehkochs. Einige der etwa 150 angewandten Lockerungs- und Dehnungstechniken sind denen des Stretchings ähnlich. Der Unterschied: Man stretcht nicht selbst, sondern wird gestretcht, gedreht und geklopft, regelrecht zusammengefaltet und wieder »entknotet«. Das Ergebnis ist erstaunlich und erlösend: frische Energie und Flexibilität für Körper und Geist.

Lomi Lomi – der Hula-Hochgenuss

Eher aus der spirituellen Ecke kommt Lomi Lomi, obwohl diese Kombibehandlung als durchaus sinnen- und lebensfroh empfunden wird. Ursprünglich als tagelanger Initiationsritus in den Tempeln von Hawaii durchgeführt, wird man heute von zwei Hula-Therapeuten gleichzeitig zwei bis drei Stunden lang massiert, sanft geschaukelt, verhätschelt und mit Gebeten gesegnet. Ziel: Körperliche, mentale, emotionale und spirituelle Ebenen sollen in Einklang gebracht, neue Wege aufgetan werden. Wichtig ist die innere Haltung der Therapeuten, die mit ihrem doppelhändigen Massagetanz *Lomi* (hawaiianisch für Liebe) geben. Besondere Aufmerksamkeit erfahren der Rücken, der in der hawaiianischen Schamanentradition für die Zukunft steht, die Körpervorderseite (der Bauchraum symbolisiert Vergangenheit) und die vier

Der Reiki-Therapeut überträgt durch Handauflegen heilende Energien.

Bei der hawaiianischen Massage Lomi Lomi setzt der Hula-Therapeut Finger, Hände und Unterarme ein.

»Ecken« des Körpers – Schultern und Hüften. Durch sie werden wie durch Türen ungute Energien wie Ängste, Sorgen und Verletzungen mit Massagebewegungen »entsorgt«. Ruhige Musik, Heilgesänge, Blütendüfte, Öle vervollkommnen den Hochgenuss.

Reiki – Energie durch heilende Hände

Das bei uns ungeheuer populäre Reiki ist eigentlich gar keine Massage, sondern eher eine Behandlungsmethode, bei der durch sanftes Auflegen der Hände Energie übertragen werden soll. Eine spirituelle Methode obendrein. Das japanische Wort *rei* steht für universale Energie, *ki* für persönliche Lebensenergie – Reiki ist somit das Zusammenfließen der Energien des Universums mit denen des Therapeuten und des Behandelten.

Bei dem etwas esoterisch anmutenden Treatment sitzt oder liegt der Klient; der Reiki-Meister legt seine Hände entlang der Energiezentren (Chakras) des Empfangenden und konzentriert sich dabei auf Heilsymbole, kraft derer universelle Energie in den Klienten einfließen und Blockaden aufgelöst werden sollen.

Während der ein- bis zweistündigen Behandlung kann der Klient mitteilen, was er fühlt. Oft sind es Wärme- und Kälteempfindungen, manchmal auch aufsteigende Bilder. Er kann unterdrückten Gefühlen Luft machen, weinen, lachen, Trauer ausdrücken. Damit verschwinden häufig Schmerzen und Verspannungen; die heilenden Berührungen lösen Beschwerden wie von Geisterhand auf.

Die 10 Gebote für Harmoniebedürftige

Auf zum Sternegucken!

In Amerika gibt es dafür Ökopsychologen, wir können uns auf die Weisheit unserer Großmütter berufen: Die Natur hat Heilkräfte. Also nichts wie raus zum Picknicken, Baum-Umarmen, Vogelfedern-Suchen, Sonnenaufgänge-Sammeln, Sternegucken – Lauschen, Schnuppern, Spüren ... und wenn's auf dem Weg zur Arbeit ist.

Ferien in Fantasialand

Tagträumen ist supergesund und bootet Stress aus. Unser Gehirn hat die kleine Schwäche, dass es manchmal nicht zwischen Vorstellung und Realität unterscheidet. Deshalb kann man es ruhig ab und zu mal überrumpeln. Mit einer Fantasiereise. Beamen Sie sich geistig an einen real existierenden Ort, der für Sie Ruhe, Entspannung und Erholung bedeutet. Die Augen schließen und gedanklich dorthin gehen; dann nachspüren, riechen, sehen, genießen. Und die positive Energie aufnehmen. Bevor Sie die Augen wieder öffnen, sich verabschieden und ausgiebig räkeln wie eine Katze.

Energievampire meiden

Es gibt Energievampire, die einem Kraft rauben und einen zurücklassen wie eine ausgezuzelte Weißwurst – Menschen, die man meiden sollte! Und es gibt Wohltuer – Menschen, die einem gut tun, die einem wohlgesonnen sind. Sie sind tolerant, sie interessieren sich für uns und unsere Sorgen, sind hilfsbereit und aufmerksam und: sie können über sich selbst lachen.

Unendlich acht-sam

Telefonkritzler sollten beim Plauschen öfter mal quer liegende Achten malen. Das Zeichnen dieses Unendlichkeitssymbols entspannt, weil es die beiden Gehirnhemisphären harmonisiert.

Ein Hoch auf die Busenfreundin

Was Frauen ungeheuer stabilisiert: Mädelsfreundschaften! Frauen mit engen Freundschaftsbeziehungen werden seltener krank und leben ausgeglichener, sagt der Fachmann, und wir Laienbusenfreundinnen wundern uns nicht, weil wir das irgendwie schon längst ahnten.

6

Lächelnd Zähne zeigen

Die Kiefermuskulatur ist ein Dreh- und Angelpunkt im Stressgeschehen. Wer buchstäblich die Zähne zusammenbeißt, verspannt Körper und Seele. Die Lösung: a) Kaugummi kauen, es löst die Muskulatur und verbessert die Sauerstoffzufuhr des Gehirns; b) öfter mal mit den Fingerkuppen die Kiefermuskulatur massieren; c) Muskeln progressiv entspannen: Kiefermuskeln anspannen, Kiefer nach vorne schieben, atmen, locker lassen, nachspüren.

7

Prana-Power

Die ayurvedische Prana-Atemtechnik (*prana* = Atemenergie) beruhigt den Körper und harmonisiert das Nervensystem. So geht's: Setzen Sie sich bequem und mit geradem Rücken hin. Der Daumen der rechten Hand liegt auf der Außenseite des rechten Nasenflügels, Mittel- und Ringfinger liegen an der Außenseite des linken Nasenflügels. Abwechselnd ein Nasenloch verschließen und durch das freie einmal aus- und wieder einatmen, danach das andere Nasenloch verschließen. Jeweils mit dem Ausatmen beginnen. Fünf Minuten tun gut.

9

Film ab!

Dem Stress Paroli bieten – am besten mit viel Gefühl. Tränen schwemmen Stresshormone aus, Lachen fördert die Bildung von Antikörpern. Nachhelfen erlaubt im Heimkino mit traurig-schnulzigen oder lustigen Filmen.

8

Ordnungsprinzip

Stressforscher raten zu einem echten Break zwischen Job und Freizeit. Schlussstrich ziehen: Abends eine Prioritätenliste schreiben und den Schreibtisch aufräumen.

10

Express yourself

Zwei der häufigsten Gründe, weshalb Frauen Stress mit Essen kompensieren: Wut und Einsamkeit. Da hilft nur Madonnas Parole *Express yourself*, seinen Gefühlen Ausdruck verleihen in einem Brief, durch Tagebuchschreiben, beim Sport. Hauptsache, die schlechten Gefühle sind gebannt.

Zum Nachschlagen

Bücher, die weiterhelfen

Dr. med. Ulrich Bauhofer: **Aufbruch zur Stille.** Maharishi Ayurveda – eine leise Medizin für eine laute Zeit. Lübbe Verlag, Bergisch-Gladbach

Busche Erlebnisguide: **wellness & beauty.** Busche Verlag, Dortmund

Susanne Faust & Carolin Lockstein: **Chill-out.** Füße hoch und neue Energie tanken (mit Musik-CD). Gräfe und Unzer Verlag, München

Louise L. Hay: **Körper und Seele.** Kartenset. Heyne Verlag, München

Felicitas Holdau: **Einfach gut drauf.** Wellness-Tipps und Psycho-Tricks. Gräfe und Unzer Verlag, München

Wilhelm Johnen: **Muskelentspannung nach Jacobson.** Gräfe und Unzer Verlag, München

Sonny Klausmann: **KickBoxRobic.** Meyer und Meyer Verlag, Aachen

Christina Niemann & Kathrin Klemp: **Weekends zum Entschlacken.** Abnehmen und sich herrlich frei fühlen. Gräfe und Unzer Verlag, München

Kathy Phillips: **Kunst des Yoga.** Energie und Harmonie. Heyne Verlag, München

Uschka Pittroff & Silvia Wolf: **Beauty!** Alles für Schönheit und Ausstrahlung. Gräfe und Unzer Verlag, München

Petra Regelin: **Bodyforming.** Workouts für eine straffe Figur. Gräfe und Unzer Verlag, München

Petra Regelin: **Stretching.** Die besten Übungsprogramme für elastische Muskeln und einen schönen Body. Gräfe und Unzer Verlag, München

Sigrid Schmidt: **Bach-Blüten für innere Harmonie.** Gräfe und Unzer Verlag, München

Chris Schreiber & Jerry Goldberg: **Sauna.** Genuss für Körper und Sinne. Gräfe und Unzer Verlag, München

Karin Schutt: **Ayurveda.** Sich jung fühlen ein Leben lang. Gräfe und Unzer Verlag, München

Karin Schutt: **Massagen.** Wohltat für Körper und Seele. Gräfe und Unzer Verlag, München

Anna Trökes: **Das große Yogabuch.** Das moderne Standardwerk zum Hatha-Yoga. Gräfe und Unzer Verlag, München

Dr. Franz Wagner: **Akupressur.** Heilung auf den Punkt gebracht. Gräfe und Unzer Verlag, München

Adressen, die weiterhelfen

Deutschland

Berufsverband der Yogalehrenden
in Deutschland e. V.
Jüdenstraße 37
37073 Göttingen
www.yoga.de

Deutsche Gesellschaft für Ayurveda e. V.
Wildbadstraße 201
56841 Traben-Trarbach
www.ayurveda.de

Deutsche Gesellschaft für Ernährung
Godesberger Allee 18
53175 Bonn
www.dge.de

Deutscher Turner-Bund
Otto-Fleck-Schneise 8
60528 Frankfurt
www.pluspunkt-gesundheit.de

Deutscher Wellness Verband e. V.
Wetterstraße 7
40233 Düsseldorf
www.wellnessverband.de

TouchLife – Schule für
Ganzheitliche Massage
Breckenheimer Straße 26a
65710 Hofheim
www.touchlife.de

Österreich

Österreichische Gesellschaft für
Ayurvedische Medizin
Biberstraße 22/Mezz.
1010 Wien
www.ayurveda.at

Österreichische Gesellschaft für
Ernährung (ÖGE)
Zaunergasse 1–3
1030 Wien
www.oege.at

Österreichische Gesellschaft für
Ganzheitliche Medizin
Gablenzgasse 7
1150 Wien

Schweiz

Schweizerische Vereinigung für
Ernährung (SVE)
Effingerstrasse 2
Postfach 83 33
3001 Bern
www.svg.org

Schweizerische Yoga Gesellschaft
Aarbergergasse 21
3011 Bern
www.yoga.ch

Register

Die Autorinnen

Uschka Pittroff ist Autorin und Medienberaterin. Die Journalistin entwickelte und arbeitete für verschiedene Mode- und Lifestyle-Magazine, war u.a. Chefreporterin bei *Cosmopolitan* und Chefredakteurin von *Amica*, die sie auch gründete. Für dieses Buch verfasste die Wellness-Expertin die Kapitel *WellBeauty*, *WellFeeling* und *WellHarmony*.

Christina Niemann ist Diplom-Oecotrophologin und Journalistin. Als Redakteurin für Food-Themen arbeitet sie für verschiedene namhafte Zeitschriften wie zum Beispiel *Vital*. Die Fachfrau für Ernährungsfragen schrieb für dieses Buch das Kapitel *WellFood*.

Petra Regelin ist Diplom-Sportlehrerin und Journalistin. Sie ist als Referentin beim Deutschen Turner-Bund in Frankfurt tätig und schreibt darüber hinaus für Frauenmagazine wie *Vital* und *Brigitte*, für die sie auch Fitnessprogramme entwickelt. Zu diesem Buch steuerte sie das Kapitel *WellFit* bei.

GU WELLNESS

Bücher für alles, was gut tut

ISBN 3-7742-4784-6
160 Seiten | € 19,90 [D]

ISBN 3-7742-2223-1
168 Seiten | € 15,90 [D]

ISBN 3-7742-6189-X
96 Seiten | € 12,90 [D]

ISBN 3-7742-5569-5
96 Seiten | € 12,90 [D]

Gut aussehen, fit sein, sich richtig wohl fühlen: Diese Ratgeber greifen aktuelle Themen auf, die zu einem rundum guten Lebensgefühl beitragen und Spaß machen. Bücher in frischer und sympathischer Gestaltung, übersichtlich und praxisnah.

WEITERE LIEFERBARE TITEL:

- Fit! Bodyforming

Gutgemacht. Gutgelaunt.

Impressum

Redaktionsleitung: Ulrich Ehrlenspiel
Redaktion: Monika Rolle
Lektorat: Dr. Beatrix Müller-Kapuscinski
Gestaltung und Layout: independent Medien-Design
Herstellung: Susanne Mühldorfer
Satz: Bernd Walser Buchproduktion, München
Repro: Repro Ludwig, Zell am See
Druck und Bindung: Druckhaus Kaufmann, Lahr

ISBN 3-7742-5568-7

Auflage	4.	3.	2.	1.
	2006	2005	2004	2003

GRÄFE UND UNZER

Ein Unternehmen der
GANSKE VERLAGSGRUPPE

Fotoproduktion:
Bärbel Büchner (People)
Andreas Hoernisch (Stills)

Für die freundliche Unterstützung der Fotoproduktion ein Dankeschön an:
– Kokon GmbH, Lenbach-Palais München
– Schweiger Interior, Starnberg
– Byblos, Starnberg

Weitere Fotos:
GU: Seite 38 li. (Harry Bischof); 39 re., 69 unten re. (beide Andreas Hosch); U1 Mitte, U2, U3, U4 re., 24 oben li., 40 oben li., 71, 97 oben li., 103 re., 128, 141, 151 (alle Manfred Jahreiß); 97 unten (Christin Losta); 15 re., 132 (alle Tom Roch); U4 Mitte, 19, 24 oben re., 33 li., 43 (alle Reiner Schmitz). **Andreas Hoernisch:** Innenklappe vorn. **Jahreszeiten-Verlag:** U1 li., Seite 69 oben li. (beide C. Dahl); 91 unten re. (F. Wartenberg); 131 re. (G. Schwan); 149 re. (S. Gazaryan). **Jump:** Seite 22 re., 28 re., 33 re., 39 li., 81 re., 145 oben li. (alle Annette Falck); 40 unten, 69 oben re., 69 unten li., 91 oben li., 91 unten li., 95 re., 97 oben re., 145 unten, 146 oben, 146 unten li., 149 li. (alle Kristiane Vey). **Michael Leis:** Seite 92. **Mauritius:** Seite 38 re. (age); 91 oben re. (ips); 119 (Fichtl). **Photonica:** Seite 103 li., 115 (Neo Vision). **Picture Press:** Seite 146 unten re. **Ritz Carlton Istanbul:** Seite 93 li. **Springerpics:** Seite 95 li. (Hartmann); 145 oben re. (Brandis). **Stock Market:** Seite 134 oben li. (William Whitehurst). **WDV Wirtschaftsdienst:** Seite 40 oben re. (Jan Lauer); 93 re. (Mathias Stalter). **Zefa:** U4 li. (Emely).

Das Original mit Garantie

Ihre Meinung ist uns wichtig. Deshalb möchten wir Ihre Kritik, gerne aber auch Ihr Lob erfahren. Um als führender Ratgeberverlag für Sie noch besser zu werden. Darum: Schreiben Sie uns! Wir freuen uns auf Ihre Post und wünschen Ihnen viel Spaß mit Ihrem GU-Ratgeber.

Unsere Garantie: Sollte ein GU-Ratgeber einmal einen Fehler enthalten, schicken Sie uns das Buch mit einem kleinen Hinweis und der Quittung innerhalb von sechs Monaten nach dem Kauf zurück. Wir tauschen Ihnen den GU-Ratgeber gegen einen anderen zum gleichen oder ähnlichen Thema um.

Ihr Gräfe und Unzer Verlag
Redaktion Gesundheit
Postfach 86 03 25
81630 München
Fax: 0 89 / 4 19 81-1 13
E-Mail: leserservice@graefe-und-unzer.de

Umwelthinweis
Dieses Buch wurde auf chlorfrei gebleichtem Papier gedruckt. Um Rohstoffe zu sparen, haben wir auf Folienverpackung verzichtet.

Die **GU-Homepage** finden Sie im Internet unter **www.gu-online.de**

Wichtiger Hinweis
Dieser Ratgeber gibt verschiedenste Anregungen dafür, wie Sie sich entspannen, neue Energien gewinnen und Ihr Wohlbefinden stärken können. Die Rezepte, Übungen, Anwendungen etc. wurden von den Autorinnen nach bestem Wissen und mit größtmöglicher Sorgfalt erstellt. Dennoch ist jede Leserin/jeder Leser aufgefordert, in eigener Verantwortung zu entscheiden, ob und inwieweit sie/er die Vorschläge anwenden kann und möchte. Die Autorinnen und der Verlag übernehmen keine Haftung für eventuelle Nachteile, die aus den im Buch gegebenen Hinweisen erwachsen. Diese Hinweise und Empfehlungen ersetzen zudem auf keinen Fall die Behandlung gesundheitlicher Störungen durch einen erfahrenen Arzt oder Therapeuten.